Guías Visuales
EL ESPACIO

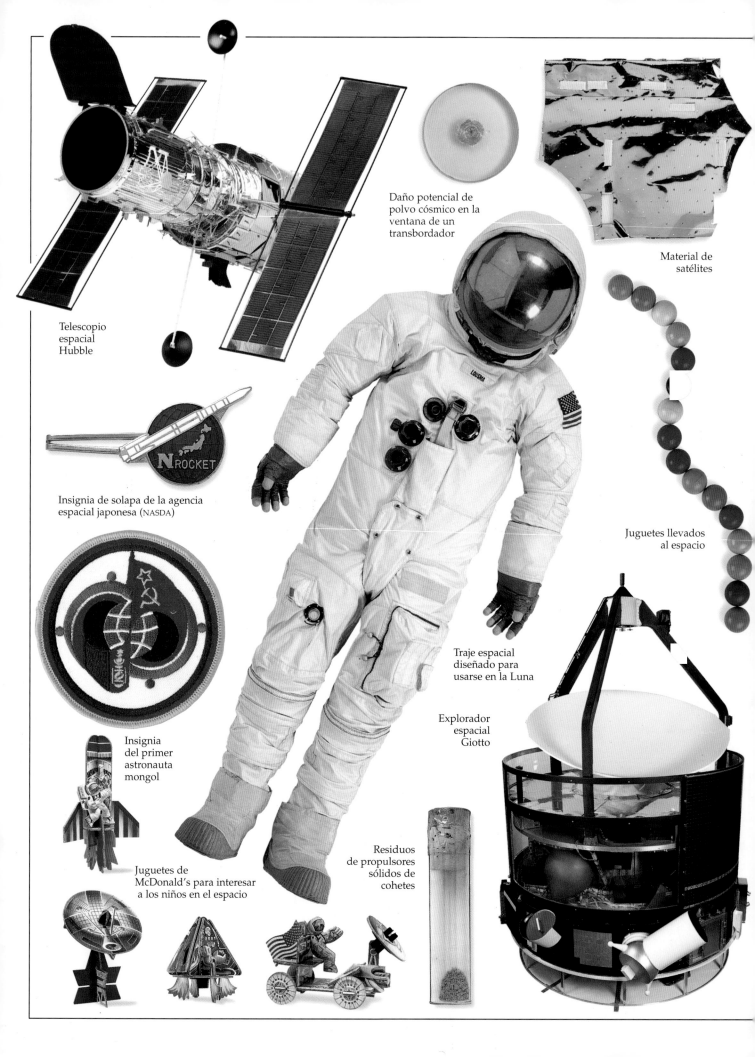

Telescopio
espacial
Hubble

Daño potencial de
polvo cósmico en la
ventana de un
transbordador

Material de
satélites

Insignia de solapa de la agencia
espacial japonesa (NASDA)

Juguetes llevados
al espacio

Insignia
del primer
astronauta
mongol

Traje espacial
diseñado para
usarse en la Luna

Explorador
espacial
Giotto

Juguetes de
McDonald's para interesar
a los niños en el espacio

Residuos
de propulsores
sólidos de
cohetes

Jarrón conmemorativo
de un vuelo espacial
rusopolaco

Guías Visuales

Ropa espacial
usada en la
estación Mir

EL ESPACIO

Escrito por
CAROLE STOTT

Fotografía de
STEVE GORTON

Estación espacial Mir

Insignia del transbordador
soviético Buran

Caja de
experimentos
recuperada
del Ariane 5

DK
DK Publishing, Inc.

Astronauta
entrenándose en el
simulador de
ingravidez

DK

LONDRES, NUEVA YORK, MÚNICH, MELBOURNE Y DELHI

Título original de la obra: *Space Exploration*
Copyright © 1997, © 2002 Dorling Kindersley Limited

Editora del proyecto Kitty Blount
Editora de arte Kati Poynor
Editora Julie Ferris
Jefa de redacción Linda Martin
Directora de arte Julia Harris
Producción Lisa Moss
Investigación iconográfica Mo Sheerin
Diseño DTP Nicky Studdart

Editora en EE. UU. Elizabeth Hester
Directora de arte Michelle Baxter
Ayudante de diseño Melissa Chung
Diseño DTP Milos Orlovic
Producción Chris Avgherinos
Asesor Producciones Smith Muñiz

Edición en español preparada por
Alquimia Ediciones, S. A. de C. V.
Río Balsas 127, 1° piso, Col. Cuauhtémoc
C. P. 06500, México, D. F.

Primera edición estadounidense, 2004
04 05 06 07 08 10 9 8 7 6 5 4 3 2 1

Publicado en Estados Unidos por DK Publishing, Inc.
375 Hudson Street, New York, New York 10014

Los créditos de la página 71 forman parte de esta página.

D.R. © 2004 DK Publishing, Inc.

A catalog record for this book is available from the Library of Congress.
ISBN 0-7566-0635-7 (HC) 0-7566-0794-9 (Library Binding)

Reproducción a color por Colourscan, Singapur
Impreso y encuadernado por Toppan Printing Co. (Shenzhen) Ltd.

Descubre más en
www.dk.com

Telstar transmitió la primera
señal televisiva en vivo

Comida espacial:
fruta deshidratada

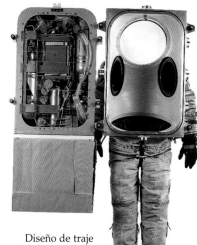

Diseño de traje
espacial del
futuro

Insignia de Sigmund Jahn, primer astronauta
de la República Democrática Alemana

Cohete Ariane 5

Insignia en honor de Rakesh Sharma,
primer astronauta de la India

Contenido

Sueños del espacio

LOS HUMANOS SIEMPRE HEMOS OBSERVADO el cielo preguntándonos qué hay más allá de la Tierra. Para muchos, la curiosidad no va más lejos. Otros sueñan con viajar al espacio, explorar la Luna, aterrizar en Marte o viajar a las estrellas. El sueño de viajar y explorar el espacio se volvió realidad en el siglo XX. Los primeros avances se dieron a principios de ese siglo, al desarrollarse los cohetes para volar más allá de la Tierra. En 1961, el primer hombre alcanzó el espacio exterior. A finales del siglo, miles de naves y cientos de astronautas ya habían sido lanzados al espacio. Para muchos, el sueño continúa. Una nueva generación de viajeros del espacio quiere ir más allá, permanecer más tiempo y aprender más acerca del espacio.

VIAJE CON GANSOS
La Luna, el vecino más cercano de la Tierra, se destaca en el cielo por los claroscuros de su superficie. Por su aparente proximidad, se han concebido numerosos viajes fantásticos. En un cuento del siglo XVII, un grupo de gansos lleva a un hombre a la Luna en 11 días.

VERDAD Y FICCIÓN
A medida que los humanos aprendían acerca de su entorno en el espacio, los cuentos sobre viajes espaciales se volvieron más realistas. A fines del siglo XIX, el escritor francés Julio Verne creó novelas en las que incluía hechos reales y ciencia ficción. Sus personajes iban a la Luna dentro de una cápsula disparada por un cañón gigante.

OBSERVACIÓN DEL CIELO
Nuestro conocimiento del espacio está en parte construido con información heredada de civilizaciones antiguas. Hace miles de años se establecieron las distancias básicas, y los movimientos del Sol, la Luna y los planetas se usaron para medir el tiempo y para entender cómo la Tierra encajaba en el Universo.

DINERO ESPACIAL
En Moscú, esta estatua de un cohete que es lanzado al espacio es muestra del aprecio que tienen en Rusia por sus astronautas y la exploración espacial. Entre 1940 y 1960, los viajes de investigación espacial comenzaron a recibir apoyos financieros serios de gobiernos nacionales. Así se establecieron políticas para la exploración espacial y estrategias para el uso del espacio.

MÚSICA DEL ESPACIO
El espacio y lo que contiene –la Luna, los planetas y las estrellas– han inspirado a escritores, poetas y músicos. En 1916, Gustav Holst, un compositor sueco, terminó una *suite* orquestal llamada "Los planetas". Conforme la carrera por el espacio iba cobrando fama, el cantante Frank Sinatra (i.) interpretaba baladas de amor como "Fly me to the Moon" ("Llévame a la Luna"). Y la Luna a menudo ha sido representada como un lugar mágico en cuentos y rondas infantiles.

EL PODER DEL TELESCOPIO
Hasta el siglo XVII se creía que el Sol, la Luna, los planetas y las estrellas giraban en torno a la Tierra. Las observaciones que el italiano Galileo Galilei hizo a través del recién inventado telescopio mostraron que el espacio era mucho más grande y contenía más de lo que se pensaba. Él contribuyó a demostrar que la Tierra no era el centro del Universo.

POP ESPACIAL
El espacio bajó a las calles entre 1960 y 1980, cuando la moda y la música *pop* llevaron la influencia de la nueva era. David Bowie (d.) se volvió Ziggy Stardust, y sus canciones "Space Oddity" ("Excentricidad espacial") y "Is there life on Mars?" ("¿Hay vida en Marte?") fueron eco de las preocupaciones de los científicos.

La exploración de la Luna pronto sería una realidad

TIRAS CÓMICAS
El sueño espacial tuvo su apogeo en las tiras cómicas entre 1930 y 1960. Escritores y dibujantes dejaron volar su imaginación para presentar extraterrestres, encuentros espaciales y aterrizajes sobre el Everest. Muchas otras historias no fueron tan lejos: predijeron empresas espaciales que se convertirían en realidad algunos años después.

CLUBES DEL ESPACIO
Personas que sueñan con viajar al espacio se reúnen en clubes para formar sociedades. La primera de ellas se estableció en Alemania en 1927, seguida por otras en Estados Unidos e Inglaterra. Uno de los líderes de la sociedad espacial británica fue Arthur C. Clarke, cuyas ideas influyeron en la investigación espacial. Sus artículos y libros incluyen ciencia ficción y hechos científicos. Predijo el uso de satélites para la comunicación global, y mostró el futuro espacial en sus obras, así como en la película *2001: Odisea del espacio*.

La Tierra vista desde la Luna

Cráteres en la superficie lunar

Astronauta con la bandera de EE. UU.

SÍMBOLO DEL SIGLO XX
En 1986, las figuras medievales que adornaban el techo de la catedral británica de York se destruyeron en un incendio y fueron reemplazadas con este poderoso símbolo del siglo XX: la humanidad conquistando el espacio. Por muchos años, los devotos cristianos levantarán la vista para mirar este símbolo de nuestra era.

HÉROES DEL ESPACIO
Los niños de hoy han nacido en la era espacial y saben bien que la exploración del cosmos es una realidad. Entienden cómo funciona un satélite, conocen cómo es el espacio y añoran explorarlo. ¡Incluso este héroe de juguete (d.) y Barbie (ar.) parecen haber estado en el espacio!

¿Qué es el espacio?

ALREDEDOR DE LA TIERRA HAY UN COBERTOR DE AIRE: la atmósfera, que nos suministra el oxígeno necesario para vivir y nos protege del Sol, durante el día, y de la oscura y fría noche. Lejos de la superficie terrestre, el aire se adelgaza y su composición y temperatura cambian. Cada vez se hace más difícil que una persona sobreviva, pues los cambios continúan según aumenta la altitud y el espacio se acerca. La transición hacia allá es gradual: no existe una barrera evidente que cruzar. El espacio está, más o menos, a 621 millas (1,000 km) de la Tierra, pero muchas de sus condiciones se experimentan a unos cientos de millas de ella, donde trabajan los satélites y los astronautas.

POLVO PELIGROSO

El espacio está vacío, pero todo cuerpo que lo explore debe protegerse contra las partículas de polvo, naturales o fabricadas, que se mueven más rápido que las balas. Este experimento muestra cómo un trozo de nailon, a la velocidad del polvo espacial, puede dañar el metal.

Misil de nailon

Plomo con agujero grande

Acero inoxidable con agujero pequeño

INGRAVIDEZ

Los astronautas, como éstos en la nave espacial, no sienten los efectos de la gravedad sobre ellos, aunque allí esté. Su nave es constantemente atraída por la gravedad de la Tierra, pero la nave se resiste y permanece en órbita en su intento por escapar de ella.

El astronauta se siente ingrávido en una nave en continua caída

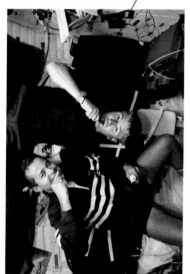

Rigil Kentaurus, la tercera estrella más brillante en el cielo nocturno

Una vista de la Vía Láctea

MONTAÑA RUSA

Cuando un auto pasa por un montículo en el camino, el estómago del pasajero baja poco después que el resto de su estructura corporal. Así, por un momento, se experimenta la ingravidez. El efecto en la montaña rusa es más dramático, pues la sensación dura varios segundos. Los astronautas se entrenan en la ingravidez durante 25 segundos.

Se dice que el pasajero experimenta ingravidez hasta por seis segundos en lo alto de los juegos más empinados

INVESTIGANDO EL ESPACIO

Cuando miramos el cielo nocturno, podemos ver decenas de miles de estrellas, que, como el Sol, nuestra estrella, pertenecen a la Vía Láctea (en la foto). Más allá existen 100 millones de millones de millones de estrellas en otras galaxias, que, junto con trillones de kilómetros de espacio virtualmente vacío, componen el resto del Universo. Nosotros sólo hemos explorado el Sistema Solar, formado por el Sol y los planetas que giran a su alrededor.

LOS HUMANOS EN EL ESPACIO

Astronautas como éstos han viajado al espacio cercano a la Tierra, donde usan la gravedad del planeta para orbitar a su alrededor. Sólo 26 han ido hasta la Luna. Adondequiera que vayan en el espacio, necesitan llevar su propia atmósfera y protección contra el nuevo entorno.

Los trajes protegen a los astronautas de temperaturas que van de los 250°F (121°C) a los -150°F (-101°C)

Roca de Marte que cayó en la Tierra hace casi 13,000 años

El Voyager se prepara para su lanzamiento en 1977

Disco con mensaje

HACIA LA TIERRA

Los científicos estudian material espacial enviando naves robotizadas o astronautas para investigarlo en el lugar o traerlo a la Tierra. También estudian pedazos de rocas espaciales que caen en la Tierra. Cada año caen más de 3,000, y aunque la mayoría se pierde en el mar, se logran recoger algunos.

MENSAJE TERRÍCOLA

Se cree que una de cada 25 estrellas tiene planetas. Nuestro Sol tiene nueve, y desde 1995 se han descubierto más girando en torno a otras estrellas. De todos, la Tierra es el único que se sepa que tenga vida. Naves espaciales, como el Voyager, llevan mensajes por si hubiera vida inteligente en otros mundos.

EXPLORADORES DE GRAN ALTITUD

No hay que dejar la Tierra para experimentar un cambio en la altitud y, por ende, en la atmósfera del planeta. Los alpinistas saben que el aire se adelgaza cuanto más alto suban. A casi 12,000 pies (3,658 m) hay menos oxígeno, por lo que necesitan llevar el suyo. Los globos aerostáticos de gran altitud cuentan con cabinas presurizadas. A 12 millas (19.31 km) sobre el nivel del mar, la presión atmosférica baja tanto que los fluidos corporales se evaporan y escapan por las membranas, como los ojos y los labios.

La cumbre más alta de la Tierra, el Everest, está a 20,029 pies (8,848 m) sobre el nivel del mar

Naciones espaciales

Hay gente de todo el mundo comprometida con la exploración espacial. La gran mayoría nunca viajará al espacio, pero éste ocupa gran parte de su vida. Sólo un puñado de países en el mundo lanza regularmente vehículos al cosmos, pero muchos otros países están involucrados en la preparación y manufactura de las naves espaciales y su tecnología. Otros más se ocupan del monitoreo de la actividad espacial o simplemente aprovechan los beneficios de la exploración del espacio: desde el conocimiento que adquieren acerca del Universo, hasta la comodidad de llamadas telefónicas baratas e instantáneas hechas vía satélite. Algunas naciones trabajan solas, otras aportan recursos financieros, conocimiento y experiencia. Lanzar a un astronauta, un experimento o un satélite al espacio es una empresa de miles de millones de dólares, que se realiza gracias a miles de personas y beneficia a muchos miles más.

INSIGNIA DE LA MISIÓN
Cada vuelo con astronautas o experimentos lleva una insignia de tela de 3.94 pulg (10 cm) de diámetro, en la que figuran imágenes y palabras que representan la misión. Francia fue la primera nación que envió astronautas a bordo de una nave soviético-estadounidense. El vuelo de Jean-Loup Chretien a la estación Salyut 7, en 1982, llevaba esta insignia.

Escape del motor

Cohetes propulsores para mejor control

APOLO 18
La nave Apolo 18 de EE. UU. completó su primer encuentro espacial internacional al maniobrar hacia la nave soviética Soyuz 19, en 1975. Llevaba el adaptador de puerto para unir ambas naves.

TRASLADOS
Los metales y las piezas utilizadas en las naves espaciales se producen en diversas fábricas y después se reúnen para su ensamble y prueba. Después la nave completa es transportada al sitio de lanzamiento. Una pieza grande de equipo espacial, como ésta del cohete Ariane 5, es transportada por agua. Aquí está siendo remolcada por un muelle rumbo al sitio de su lanzamiento en Kourou, en la Guyana Francesa, en Sudamérica.

MISIÓN CONTROL: CHINA
China lanzó su primer satélite, Mao 1, en 1970. Desde 1986 ha lanzado satélites comerciales para otras naciones. Aquí se ve a personal de control de la misión, en la base Xichang, practicando métodos de lanzamiento.

LOS SONIDOS DEL ESPACIO
La exploración espacial ha inspirado a gente de todo el mundo a crear. Este álbum de dos discos salió a la venta en 1975 (cuando Apolo y Soyuz se unieron) para celebrar los logros de la Unión Soviética. Un disco incluye las transmisiones del espacio a la Tierra, y el otro canciones patrióticas, una de las cuales es interpretada por Yuri Gagarin, el primer hombre que surcó el espacio.

Las antenas gigantes enlazan teléfonos e imágenes televisivas

LOS OÍDOS DEL MUNDO

Las estaciones terrestres de todo el mundo escuchan el espacio. Estas antenas gigantes reciben datos transmitidos por observatorios satelitales que investigan el espacio y vigilan la Tierra, y satélites de comunicación que enlazan teléfonos e imágenes de televisión. Esta antena de 39 pies, 4 pulg (12 m) en Lhasa, en el Tíbet, se utiliza para telecomunicaciones.

INDIA EN EL ESPACIO

En 1980, la India se convirtió en la séptima nación en enviar un cohete al espacio. Esta insignia conmemora el vuelo del astronauta Rakesh Sharma a la estación espacial Salyut 7, en abril de 1984.

PRIMERA PLANA

Enviar astronautas al espacio se ha vuelto tan cotidiano que, si acaso, se reporta en las páginas centrales de un diario. Pero cuando un país manda al espacio a su primer astronauta, la noticia ocupa la primera plana. El vuelo del primer polaco, Miroslaw Hermaszewski, en 1978, y del primer cubano, Arnaldo Tamayo Méndez, en 1980, fueron celebrados en la prensa nacional.

Adaptador de acoplamiento

SOYUZ 19

Esta nave fue lanzada por la Unión Soviética horas antes de que Apolo 18 partiera de EE. UU. Durante la unión, Soyuz apuntaba hacia Apolo y rotaba para acoplarse.

ENCUENTRO INTERNACIONAL

En 1975, estadounidenses y soviéticos se encontraron por primera vez en el espacio. Tres astronautas de EE. UU., a bordo del Apolo 18, y dos soviéticos, a bordo del Soyuz 19, volaron alrededor de la Tierra. Una vez acoplados el 17 de julio, permanecieron así dos días. Desde 1990, estadounidenses y rusos han trabajado juntos de manera regular en el espacio: en la estación Mir y en la Estación Espacial Internacional (ISS).

Aleksei Leonov (c.) con Thomas Stafford y Donald Slayton, de EE. UU.

REGALO DE BIENVENIDA

Las tripulaciones espaciales internacionales intercambian regalos. Los rusos a veces dan dulces como éstos. La tripulación a bordo de la estación Mir recibió a los astronautas visitantes con un regalo tradicional ruso de pan y sal. El pan se come en trozos después de pasarlo por sal gruesa, pero la comida se adaptó para el viaje: el pan se puso en paquetes y la sal en obleas.

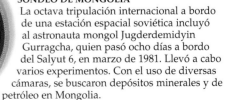

La insignia de Prunariu con la bandera de Rumania

La insignia de Gurragcha con la bandera de Mongolia

RUMANIA EN EL ESPACIO

Dimitru Prunariu fue el primer rumano en órbita al volar a bordo del Soyuz 40 hacia la estación espacial Salyut 6, en mayo de 1981. Junto con el astronauta soviético Leonid Popov, Prunariu se sometió a exámenes médicos y psicológicos. La costumbre de fotografiar el país del astronauta visitante se cumplió cuando la estación sobrevoló Rumania a la luz del día.

SONDEO DE MONGOLIA

La octava tripulación internacional a bordo de una estación espacial soviética incluyó al astronauta mongol Jugderdemidyin Gurragcha, quien pasó ocho días a bordo del Salyut 6, en marzo de 1981. Llevó a cabo varios experimentos. Con el uso de diversas cámaras, se buscaron depósitos minerales y de petróleo en Mongolia.

La ciencia de los cohetes

Un cohete es necesario para lanzar algo o a alguien al espacio. Provee la energía para impulsarse a sí mismo y a su carga y, en poco tiempo, alcanza la velocidad que le permite vencer la fuerza de gravedad y llegar al espacio. Los combustibles que se queman producen gases calientes que se expulsan a través de un tubo de escape en la parte inferior del cohete. Esto le proporciona la energía para impulsar su lanzamiento. El cohete espacial se desarrolló en la primera mitad del siglo XX. Por lo general se lanzan dos cohetes al espacio cada semana en algún lugar del mundo.

LOS PRIMEROS COHETES
Los cohetes más antiguos, impulsados con pólvora, fueron usados por los chinos hace casi 1,000 años. Una vez encendidos, la explosión propulsaba el cohete hacia adelante. Parecían fuegos artificiales, pero eran usados como armas. Este hombre del siglo XVII lanza flechas cohete desde una canasta.

PIONERO EN COHETES
Alrededor de 1880, el ruso Konstantin Tsiolkovsky empezó a trabajar en la teoría del vuelo de los cohetes en el espacio, para averiguar la velocidad necesaria y la cantidad de combustible requeridas. Planteó el uso de combustible líquido en diferentes etapas.

EL MOTOR DEL COHETE
Uno de los cuatro motores Vikingo que impulsaron el cohete Ariane 1, visto desde abajo en la plataforma de lanzamiento. En menos de dos minutos y medio, y 31 millas (50 km) sobre la plataforma, su trabajo había terminado.

Vikingo; motor gigante de cohete

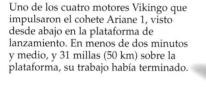

El material del panel es ligero y resistente

Estructura del panel vista desde arriba

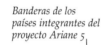

HECHOS A LA MEDIDA
Los materiales usados en los cohetes y en sus cargamentos deben ser ligeros, porque entre menos pesado, el cohete necesita menos combustible y por lo tanto es menos costoso. Los materiales también deben ser duros y capaces de resistir el lanzamiento. Se usan algunos metales comunes como el acero. Otros, como estos paneles, son fabricados especialmente por científicos e ingenieros.

Escape para expeler los gases que produce el combustible en el cohete propulsor

Tubo que provee oxígeno al hidrógeno para la combustión

Banderas de los países integrantes del proyecto Ariane 5

Tanque que almacena 25 toneladas de hidrógeno líquido

Resistentes cohetes proveen 90% de la fuerza en el despegue

Tanque que almacena 130 toneladas de oxígeno líquido

Cámara de combustión donde el combustible y el oxidante se mez-clan y se queman

Tanque de helio

El despegue se inicia con la ignición de este motor Vulcain

Emblema de la Agencia Espacial Francesa

Dos propulsores entran en ignición antes que el cohete principal

Emblema de la Asociación Espacial Europea

Emblema de la fábrica francesa de cohetes (Arianespace)

COMBUSTIBLE LÍQUIDO
Al estadounidense Robert Goddard le fascinaba la idea de los viajes en el espacio, y experimentó con cohetes y distintos combustibles. El primer cohete de combustible líquido fue lanzado por él en 1926. El vuelo alcanzó una altitud de 41 pies (12.5 m) y duró 2.5 segundos.

CORREO COHETE
En la década de 1930 se hizo patente la influencia de los cohetes. En 1931 este tipo de tarjetas fue distribuido en Alemania por el "correo cohete". Eran tarjetas producidas especialmente, con estampillas del correo cohete. Empresas como ésta tuvieron poco éxito.

CARRO COHETE
En la década de 1920, el combustible para cohetes se probaba en automóviles, vehículos de rieles, planeadores y trineos. Los autos semejaban cohetes tanto por su forma como por el ruido que hacían al usar el combustible. Fabricantes y pilotos de vehículos eran miembros de la recién formada Sociedad Alemana para los Viajes Espaciales.

Cohetes en miniatura impulsaban el auto a más de 63 mph (100 kph)

Estampilla del correo cohete

DE LA ISLA AL ESPACIO
El centro espacial Tenegashima, en Japón, es uno de los 20 sitios de lanzamiento en el mundo, donde los cohetes inician sus viajes espaciales. Desde esta isla, la agencia espacial japonesa ensambla, prueba, lanza y conserva un registro de los satélites. En 1970, Japón se convirtió en la cuarta nación en enviar satélites al espacio. Los centros están cerca del ecuador para aprovechar el empujón extra del giro de la Tierra en el lanzamiento.

EL PRIMERO EN EL ESPACIO
El cohete V2, fabricado en Alemania en la década de 1930, tuvo su primer lanzamiento en 1942 y se convirtió en el primer cohete fabricado en serie. Al principio se usó como arma: más de 4,000 se lanzaron en la Segunda Guerra Mundial contra Inglaterra. Luego de la guerra, éste y otros cohetes fueron desarrollados para viajes espaciales, por un equipo de EE .UU. encabezado por Wernher von Braun.

Paracaídas en la punta para descenso lento

Motor y combustible que pondrán dos satélites en la órbita correcta

Hasta cuatro satélites como éste pueden ser llevados al espacio

ARIANE 5
El cohete Ariane es el vehículo de lanzamiento de la Administración Europea del Espacio (ESA), integrada por 15 países que financian y desarrollan experimentos espaciales y satélites. Más de 140 satélites han sido lanzados mediante el Ariane desde la base de ESA, en Kourou, en la Guyana francesa. El más reciente de la serie, el Ariane 5, es el más potente, capaz de lanzar un solo satélite pesado, o varios de ellos más pequeños. También ha sido diseñado para transportar astronautas en una fase superior, especialmente modificada para ello.

El cohete reutilizable

EL PRIMER TRANSBORDADOR ESPACIAL se lanzó en 1981 y marcó una nueva era en viajes espaciales. Los cohetes que se usaban sólo una vez habían sido el único modo de enviar astronautas o cargamento al espacio. Era necesario un sistema que los reutilizara si los viajes espaciales iban a ser frecuentes. En Estados Unidos encontraron la respuesta en el Sistema de Transporte Espacial (STS), o transbordador, que se lanza como un cohete, pero que regresa a la Tierra como un aeroplano. Así, dos de sus tres partes principales pueden usarse una y otra vez. Los transbordadores llevan tripulación y equipo a la Estación Espacial Internacional (ISS), lanzan, recuperan y reparan satélites, y se usan como laboratorios espaciales.

A CUESTAS
El transbordador espacial (avión del espacio) se transporta a la plataforma de lanzamiento sobre un Boeing 747 especialmente adaptado. Los motores del cohete en el transbordador están protegidos con una cubierta aerodinámica. Luego se prepara el transbordador con propulsores y un tanque de combustible para su despegue.

EL DESPEGUE
Dos minutos después del despegue los cohetes propulsores se desechan, y seis minutos después, el tanque de combustible. En menos de diez minutos el transbordador llega al espacio. Desde su primer lanzamiento en 1981, ha habido más de 100 vuelos exitosos. El del Atlantis (en la foto), en octubre de 1985, fue la misión 21 del transbordador.

Estructura interior de aluminio

Capa esponjosa

Capa protectora exterior

SEGURIDAD INTERIOR
El tanque de aluminio que guarda y protege el combustible del transbordador es más alto que un edificio de 15 pisos. Dentro de su capa exterior (a.) hay dos tanques presurizados con hidrógeno y oxígeno líquidos. Los tres motores principales son alimentados de combustible en el lanzamiento.

Los cohetes propulsores de combustible sólido se queman y desechan a 32 millas (48 km) de la superficie terrestre

EL TRANSBORDADOR
El transbordador tiene tres elementos principales: la nave, el tanque de combustible y los cohetes propulsores. La nave transporta la tripulación y el cargamento, y es la parte que llega al espacio, orbita la Tierra y regresa a los astronautas a casa. El enorme tanque lleva combustible líquido para los motores, y los cohetes propulsores dan la potencia para elevar el sistema hacia el espacio.

Las placas se hacen y numeran individualmente

PARA MANTENERSE FRÍO
En su viaje de regreso, el transbordador cruza la atmósfera terrestre donde puede alcanzar temperaturas de 2,500°F (1,357°C). Para protegerla del calor, la nave se recubre con cerca de 27,000 placas que absorben el calor, y lleva como refuerzo un compuesto de carbono en la punta y las alas.

El tren de aterrizaje está en las alas y bajo la punta de la nave

TRANSBORDADOR SOVIÉTICO

Otros países han investigado y desarrollado los principios del transporte espacial reutilizable, pero sólo los soviéticos estuvieron cerca. En noviembre de 1988, Buran, el único transbordador soviético, sin tripulación, orbitó dos veces la Tierra y regresó con aterrizaje automático.

AERONAVE HIPERSÓNICA

En la década de 1960, la aeronave X-15, propulsada por cohetes, se usó para analizar vuelos a velocidades hipersónicas. Se liberó a gran altitud, donde los motores de los cohetes se encendieron. El piloto controlaba el X-15 a casi 4,062 mph (6,500 kph). Sirvió para el diseño del transbordador.

A bordo, Sally Ride, la primera astronauta de Estados Unidos

EN PLENO VUELO

Actualmente la flota de EE. UU. cuenta con cuatro transbordadores: Columbia, Discovery, Atlantis y Endeavour. El Challenger aparece en esta foto en su segundo vuelo, en junio de 1983. Éste voló nueve veces antes de explotar en 1986, poco después de su despegue.

ASTRONAUTAS DEL TRANSBORDADOR

Cada transbordador tiene un comandante responsable del vuelo, un piloto que ayuda a controlar la nave y varios astronautas. Éstos se encargan de los sistemas del transbordador y realizan caminatas espaciales. Los especialistas en cargamento, que no son precisamente astronautas, trabajan con equipo particular o experimentos a bordo.

El comandante John Young (i.) y el piloto Robert Crippen se entrenan para el primer vuelo en transbordador

Las puertas del área del cargamento se abren en el vuelo

Túnel hacia el laboratorio

Cabina de vuelo y centro de operaciones hasta para ocho astronautas

El tanque externo de combustible se vacía en los primeros 8.5 minutos de vuelo. Se desecha y se desarma en la atmósfera

Laboratorio espacial

Ockels en pantuflas

El paracaídas ayuda a la desaceleración en la pista

Los cohetes propulsores caen en el océano, de donde se recuperan para reutilizarse

DENTRO DEL LABORATORIO

El danés Wubbo Ockels, especialista en cargamento en la tercera misión del Challenger, en 1985, trabajó en el laboratorio espacial durante el vuelo de siete días. Hubo 75 experimentos a bordo, varios de ellos diseñados para estudiar los efectos del viaje en el cuerpo humano (págs. 26-27).

EL ATERRIZAJE

Los motores a bordo se utilizan para maniobrar en el espacio y para salir de órbita y desacelerar. El transbordador entra en la atmósfera a 15,000 mph (24,000 kph), desacelerando todo el tiempo. Luego se pierde comunicación de 12 a 16 minutos. El transbordador toca la pista a 215 mph (344 kph), deteniéndose después de 1.5 millas (2.4 km).

La carrera espacial

DOS NACIONES DOMINARON uno de los periodos más intensos y exitosos de la exploración espacial. Por casi 15 años, siendo el centro la década de 1960, Estados Unidos y la Unión Soviética compitieron por el éxito espacial. Cada país quería ser el primero en lanzar al espacio un satélite y luego un ser humano; en tener el primer astronauta en órbita y la primera viajera espacial; en hacer la primera caminata espacial fuera de la nave, y en ser el primero en pisar la Luna. La carrera comenzó cuando los soviéticos lanzaron el Sputnik 1, demostrando su capacidad espacial a los estadounidenses. De entonces a la fecha, cada país ha avanzado al tiempo que los progresos espaciales se han ido sucediendo uno tras otro.

CIGARRILLOS UNIDOS
Estos cigarrillos celebran la unión en el espacio del Apolo 18, de EE. UU., y la nave soviética Soyuz 19, en julio de 1975.

Los paquetes de cigarrillos de la unión Apolo-Soyuz estaban en inglés y en ruso

Esfera de aluminio de 1 pie, 11 pulg (58 cm) de diámetro con cuatro antenas

SPUTNIK 1
La era espacial comenzó el 4 de octubre de 1957, cuando los soviéticos lanzaron el primer satélite, que ayudó a los científicos a aprender más sobre la naturaleza de la atmósfera de la Tierra. Mientras orbitaba la Tierra cada 96 minutos, sus dos radiotransmisores emitían un "bip bip".

EXPLORER 1
El cohete que llevaría al espacio el primer satélite de EE. UU., Vanguard, explotó en la plataforma de lanzamiento. Pero el Explorer 1 ya se estaba construyendo, y el 31 de enero de 1958 se convirtió en el primer satélite de EE. UU. en el espacio. Los anillos de radiación Van Allen que rodean la Tierra fueron descubiertos por el equipo científico a bordo.

El Explorer 1 orbitó la Tierra por 12 años

El módulo de servicio se arrojó al mar antes de reingresar en la atmósfera terrestre

Laika traía electrodos para poder monitorizar su corazón y su respiración

Luna 3 transmitió las primeras imágenes del lado oculto de la Luna

LUNA 3
En 1959, los soviéticos lanzaron la primera nave de la serie Luna. Luna 1 fue la primera que se alejó del campo gravitacional terrestre. Luna 9 fue la primera en aterrizar con éxito en la Luna. Los soviéticos también lanzaron la primera nave de la serie Venera a Venus, en 1961.

LAIKA, PRIMERA CRIATURA EN EL ESPACIO
Un mes después de lanzar el Sputnik 1, los soviéticos enviaron a la primera criatura viva a bordo del Sputnik 2. La perra Laika viajó al espacio en un compartimiento presurizado y sobrevivió varios días. El satélite era más pesado que los proyectados por EE. UU. y hacía suponer que los soviéticos planeaban poner hombres en órbita. El orgullo estadounidense se vio herido, y el espacio se tornó un asunto político. Éstos decidieron competir en la carrera y ganar.

APOLO 11
A principios de 1960, 377,000 estadounidenses trabajaron para llevar a un hombre a la Luna. Diez misiones Géminis (de dos hombres) mostraron con éxito que ellos podían viajar, caminar y permanecer en el espacio. Todo esto fue necesario para que la siguiente misión de tres astronautas, el programa Apolo, llevara al hombre a la Luna (págs. 20-21).

EL PRIMER HUMANO

Yuri Gagarin se convirtió en el primer ser humano en el espacio el 12 de abril de 1961. Sujeto a su cápsula Vostok 1, dio una vuelta a la Tierra antes de reingresar en su atmósfera. Luego de 108 minutos en el espacio, se autoexpulsó de la cápsula y cayó en paracaídas. En la foto, con Valentina Tereshkova, la primera mujer en el espacio.

BIENVENIDA DE HÉROE

Los compatriotas de Gagarin se volcaron a la calle para darle la bienvenida a casa cuando regresó del espacio, llenando la enorme Plaza Roja en el corazón de Moscú. Pero Gagarin no sólo fue un héroe para los soviéticos; a donde fuera, la multitud salía a la calle a saludarlo.

La tripulación de tres hombres trabajó en el módulo de comando, la única parte que regresaría a la Tierra

LA PROMESA DE UN PRESIDENTE

A finales de los años 50, EE. UU. incrementó los fondos de la investigación espacial y creó la NASA (Administración Nacional para la Aeronáutica y el Espacio). Su primer objetivo era llevar a un hombre al espacio. Los soviéticos se adelantaron sólo por un mes, pero en mayo de 1961, el presidente de EE. UU., John F. Kennedy, fijó una meta nueva: "Llevar a un hombre a la Luna y regresarlo sano y salvo" antes de que finalizara la década.

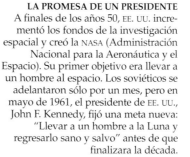

UNITED STATES

UNITED TATES

PRIMERA CAMINATA ESPACIAL

Una vez que los seres humanos volaran con éxito al espacio, tanto soviéticos como estadounidenses se prepararon para que éstos salieran de la nave en el espacio. La primera actividad extravehicular (EVA), o caminata espacial, la realizó el soviético Aleksei Leonov, en marzo de 1965. Pasó 24 minutos en el espacio fuera de su nave Voskhod 2.

Módulos de comando y servicio donde va la tripulación

DESPEGUE

El cohete Saturno V se desarrolló para lanzar la nave Apolo a la Luna. Tan alto como un edificio de 30 pisos, era el cohete más potente hasta entonces. La mayoría de su masa era combustible. El tercer cohete en la punta consistía en el módulo lunar; contenía agua y oxígeno para la tripulación y, justo en la punta, el módulo de comando.

LA LUNA PARA MÉXICO

Michael Collins (i.), Buzz Aldrin y Neil Armstrong (d.) del Apolo 11, la primera misión que aterrizó en la Luna, son saludados en la ciudad de México. Los tres visitaron 24 países en 45 días en una gira de buena voluntad luego de volver de la Luna. Un millón de personas se reunió en Florida, EE. UU., para ver el inicio de la gira, y muchas más les dieron la bienvenida. Collins orbitó la Luna en el módulo de comando mientras los otros dos exploraban la superficie lunar.

Viajeros espaciales

Cᴇʀᴄᴀ ᴅᴇ 400 ᴘᴇʀsᴏɴᴀs y un sinnúmero de otros seres vivos han viajado al espacio. Todos han orbitado nuestro planeta a bordo de naves, excepto 26 hombres que llegaron a la Luna. La competencia para viajar al espacio es reñida. Cuando se convocó a astronautas en Europa en la década de 1990, 20,000 personas acudieron y sólo seis fueron elegidas. Los astronautas son hombres y mujeres con habilidades sobresalientes en disciplinas científicas y buena salud física y mental. Antes de lanzar humanos, se enviaron animales al espacio para probar las condiciones. Éstos, incluidos pájaros e insectos, acompañan hoy a los astronautas y se usan para investigaciones científicas.

Símbolo de la Federación Aeronáutica Internacional

El pasaporte solicita, en cinco idiomas, que se conceda la ayuda necesaria al portador

Fotografía de Helen Sharman, astronauta inglesa a quien pertenece este pasaporte

№ 087

PASAPORTE AL ESPACIO
Los astronautas llevan pasaporte en cada viaje por si lo necesitan al regresar a la Tierra, pues puede ocurrir un aterrizaje forzoso en un país distinto al del lanzamiento. El de la foto lo usan los astronautas que van en naves rusas. La palabra astronauta se refiere a viajeros espaciales de cualquier país, pero los que van a bordo de naves rusas también se llaman cosmonautas.

Bruce McCandless, de ᴇᴇ. ᴜᴜ., en la primera caminata espacial (1984) con la unidad de maniobras controlada manualmente

VUELO SIN CONEXIONES
Los astronautas que se aventuran fuera de la nave necesitan estar conectados a ella, o usar en la espalda la unidad de operación de maniobras, un potente equipo para viajar libremente en el espacio. Sin él, el astronauta se "perdería" en su órbita en torno a la Tierra.

Ham, el primer chimpancé astronauta, o "chimpanauta"

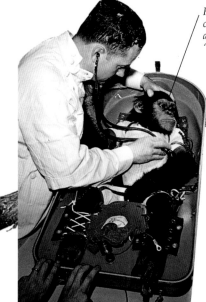

HAM
Los chimpancés fueron elegidos para viajar al espacio por su estructura genética similar a la de los humanos, y porque podían ser entrenados para realizar tareas. Ham fue el primero en viajar, en enero de 1961. A su regreso, fue examinado y se hallaba en excelentes condiciones.

Belka

Strelka

STRELKA Y BELKA
Los soviéticos lanzaron varios astronautas de cuatro patas al espacio. El primer ser vivo que viajó al espacio fue la perra Laika, en 1957 (págs.16-17), que pereció en el vuelo, pero otras dos perras, Strelka y Belka, regresaron a salvo a la Tierra, en paracaídas, en agosto de 1960.

ABEJAS

En abril de 1984, un panal de abejas viajó en el transbordador Challenger. Igual que otros viajeros del espacio, al principio las abejas se confundieron ante la ingravidez, pero una vez que descubrieron sus "alas espaciales", construyeron una colmena igual como si estuvieran en la Tierra.

La rana se coloca en la cápsula

RANAS GIRATORIAS

Hace más de 25 años, dos ranas orbitaron la Tierra como parte de un programa de investigación médica sobre el oído humano. Las ranas se observaron durante 5 días tanto en condiciones de ingravidez como de gravedad parcial. Esta última condición se consiguió al girar la cápsula donde viajaban.

MONO ARDILLA

El primer mono en el espacio fue Gordo, un mono ardilla, en diciembre de 1958. Desde entonces, perros, monos, moscas, peces, hormigas, erizos marinos y más de 2,000 medusas han sido algunas de las criaturas enviadas al espacio para investigación en varias materias, que incluyen ingravidez, fertilidad y reproducción.

Las tripulaciones humanas y de animales tienen suplentes en caso de que los titulares enfermen. Este mono suplente está bebiendo un poco de jugo

Una máscara suministra oxígeno para respirar

Héctor, un ratón blanco, fue lanzado en Francia

ZOOLÓGICO ESPACIAL

Dos monos, caracoles, escarabajos y moscas enanas viajaron juntos en diciembre de 1996, a bordo del cohete Vostok. Después de un viaje de dos semanas por el espacio, se les aplicaron pruebas sobre los efectos de la ingravidez antes de regresar al zoológico. Se tomaron muestras de tejido óseo de la cadera de los monos antes y después del vuelo, para investigación. Los monos que van al espacio reciben nombres en el orden alfabético ruso. Los ganadores de un concurso escolar llamaron Lapik y Multik a estos dos.

LISTO PARA EL ESPACIO

Los primeros animales viajeros utilizaron sus propios trajes espaciales. Los soviéticos probaron varios trajes para proteger mejor a sus perros astronautas, que fueron elegidos porque su circulación sanguínea y respiración son parecidas a las nuestras, y porque son criaturas pacientes.

RATAS BLANCAS

Ratas y ratones han viajado al espacio durante más de 40 años. Uno de los primeros, Héctor, voló 100 millas (161 km) hasta el espacio en 1961, y regresó sano y salvo a la Tierra tres minutos después.

El hombre en la Luna

La Luna es el único mundo distinto de nuestro planeta donde el hombre ha estado. Durante siglos, la compañera de la Tierra ha despertado interés y, siendo su vecina más cercana, era el objetivo lógico de los viajes espaciales tripulados. Entre 1969 y 1972, doce astronautas estadounidenses pisaron su superficie. Viajaron hasta allá en seis misiones Apolo y pasaron más de 300 horas en la Luna, 80 de las cuales estuvieron fuera de la nave espacial. Recogieron muestras de rocas, tomaron fotografías e hicieron experimentos para observar la actividad y el ambiente de la Luna. Todo el mundo siguió de cerca las misiones Apolo.

Módulo lunar del Apolo 16, llamado Orión

La foto muestra la parte posterior del módulo. La entrada está del otro lado

La parte superior de Orión, morada de los astronautas en la Luna, se reunió con el módulo comando para el regreso

La bandera de EE. UU. necesitó un brazo telescópico para permanecer extendida en la Luna sin atmósfera

El tren de alunizaje se quedó en la Luna cuando Orión partió y se acopló con el módulo de comando, para el viaje de regreso

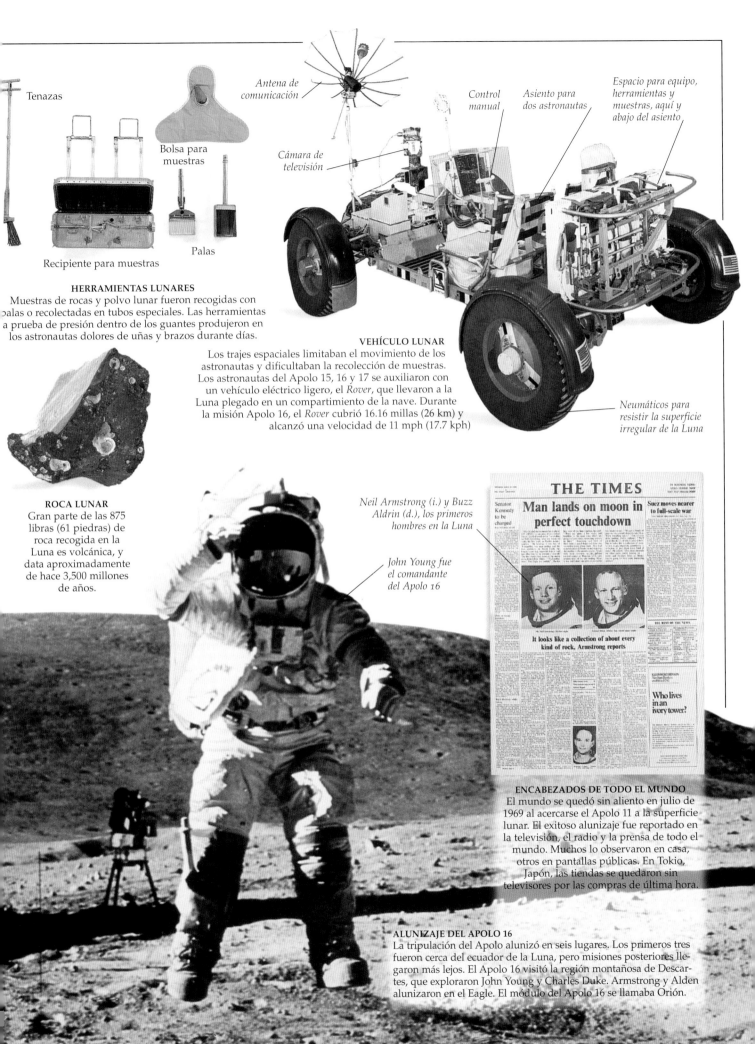

Tenazas

Antena de
comunicación

Control
manual

Asiento para
dos astronautas

Espacio para equipo,
herramientas y
muestras, aquí y
abajo del asiento

Bolsa para
muestras

Cámara de
televisión

Palas

Recipiente para muestras

HERRAMIENTAS LUNARES

Muestras de rocas y polvo lunar fueron recogidas con
palas o recolectadas en tubos especiales. Las herramientas
a prueba de presión dentro de los guantes produjeron en
los astronautas dolores de uñas y brazos durante días.

VEHÍCULO LUNAR

Los trajes espaciales limitaban el movimiento de los
astronautas y dificultaban la recolección de muestras.
Los astronautas del Apolo 15, 16 y 17 se auxiliaron con
un vehículo eléctrico ligero, el *Rover*, que llevaron a la
Luna plegado en un compartimiento de la nave. Durante
la misión Apolo 16, el *Rover* cubrió 16.16 millas (26 km) y
alcanzó una velocidad de 11 mph (17.7 kph)

Neumáticos para
resistir la superficie
irregular de la Luna

ROCA LUNAR

Gran parte de las 875
libras (61 piedras) de
roca recogida en la
Luna es volcánica, y
data aproximadamente
de hace 3,500 millones
de años.

Neil Armstrong (i.) y Buzz
Aldrin (d.), los primeros
hombres en la Luna

John Young fue
el comandante
del Apolo 16

THE TIMES

Man lands on moon in perfect touchdown

Senator
Kennedy
to be
charged

Suez moves nearer
to full-scale war

It looks like a collection of about every
kind of rock, Armstrong reports

Who lives
in an
ivory tower?

ENCABEZADOS DE TODO EL MUNDO

El mundo se quedó sin aliento en julio de
1969 al acercarse el Apolo 11 a la superficie
lunar. El exitoso alunizaje fue reportado en
la televisión, el radio y la prensa de todo el
mundo. Muchos lo observaron en casa,
otros en pantallas públicas. En Tokio,
Japón, las tiendas se quedaron sin
televisores por las compras de última hora.

ALUNIZAJE DEL APOLO 16

La tripulación del Apolo alunizó en seis lugares. Los primeros tres
fueron cerca del ecuador de la Luna, pero misiones posteriores llegaron más lejos. El Apolo 16 visitó la región montañosa de Descar-
tes, que exploraron John Young y Charles Duke. Armstrong y Alden
alunizaron en el Eagle. El módulo del Apolo 16 se llamaba Orión.

SUSPENDIDO
Los astronautas no sólo deben aprender sistemas de vuelo y teoría del trabajo en el espacio, también deben ejercitarse en condiciones parecidas a las del espacio. Pueden experimentar la ingravidez mediante el buceo, o usando equipo como este arnés que permite al astronauta flotar libremente.

Cómo ser astronauta

Los HOMBRES Y LAS MUJERES QUE VIAJARÁN al espacio son seleccionados en todo el mundo y lanzados a bordo del transbordador de EE. UU., donde el idioma principal es el inglés, o del cohete ruso Soyuz, donde se habla ruso. El entrenamiento de ambas tripulaciones es parecido, e incluye teoría, práctica y trabajo en simuladores del orbitador, partes de la Estación Espacial Internacional (ISS), del arnés, de la máquina 5DF, del andador lunar y de la rueda de múltiples ejes, ejemplos de los cuales hay en el Centro Euro Espacial, en Transinne, Bélgica, y se muestran en estas páginas. Se elige a los astronautas para entrenamiento cada dos años y son sometidos a un año de entrenamiento básico, seguido de otro relacionado con el papel del astronauta en el espacio, como piloto o especialista en misiones, quien desarrolla una actividad extravehicular (EVA). Sólo entonces se les asigna una misión a los astronautas exitosos.

El arnés permite al astronauta flotar libremente

Tres astronautas del Apolo en entrenamiento antes de ir a la Luna

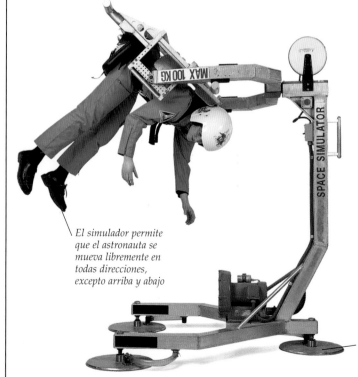

El simulador permite que el astronauta se mueva libremente en todas direcciones, excepto arriba y abajo

EN LA SELVA
Los astronautas se entrenan para cualquier situación. Éstos (i.) recolectan hojas y ramas para construir un refugio después de un supuesto aterrizaje forzoso en la selva panameña. Aterrizar en la Tierra no siempre significa que el viaje del astronauta terminó.

BALSA SALVAVIDAS
Los candidatos a astronautas se entrenan para saltar en paracaídas y sobrevivir en aire y en tierra. Leroy Chiao, de EE. UU., flota en la balsa mientras se prepara para abandonar de emergencia el transbordador.

CINCO GRADOS DE LIBERTAD
Prepararse para la ingravidez no es fácil. La sensación puede ser simulada en una máquina llamada Cinco Grados de Libertad (5DF), que permite al astronauta moverse libremente en todas direcciones, excepto arriba y abajo. Además, los astronautas pueden experimentar la ingravidez durante 20 o 30 segundos a bordo de un avión KC-135 modificado, que desciende en picada desde 35,000 pies (10,668 m) hasta 24,000 pies (7,315 m). La experiencia es breve, pero puede repetirse 40 veces en un día.

Las tres patas flotan sobre el suelo simulando el movimiento sin fricción en el espacio

CAMINANTE LUNAR
Caminar con el traje espacial es difícil, sobre todo en la Luna, donde la gravedad es un sexto de la de aquí. Los astronautas del Apolo vieron que con saltitos de conejo podían desplazarse mejor en la superficie lunar. Para los viajes futuros a la Luna o a Marte, se pueden preparar para andar en el caminante lunar, una silla suspendida.

SIN PESO BAJO EL AGUA
En sus trajes espaciales, los astronautas pueden entrenar para una caminata espacial en grandes tanques de agua, donde se reduce la sensación de gravedad. Los astronautas de los transbordadores ensayan con modelos a escala. En la foto, trabajan en una estación espacial simulada.

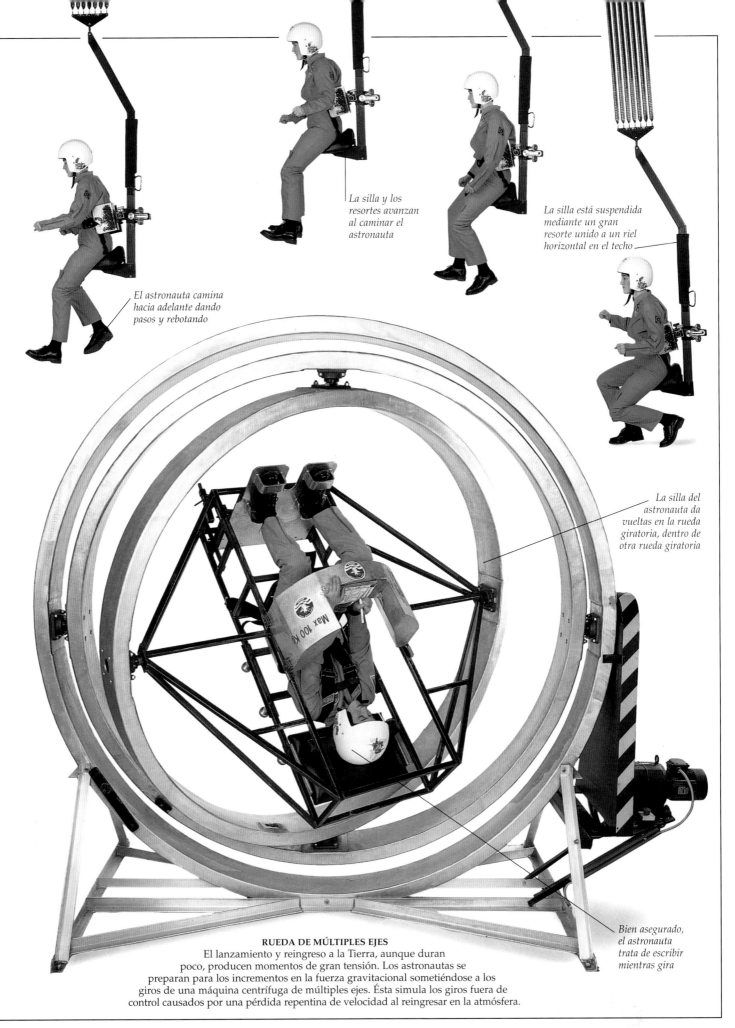

El astronauta camina hacia adelante dando pasos y rebotando

La silla y los resortes avanzan al caminar el astronauta

La silla está suspendida mediante un gran resorte unido a un riel horizontal en el techo

La silla del astronauta da vueltas en la rueda giratoria, dentro de otra rueda giratoria

Bien asegurado, el astronauta trata de escribir mientras gira

RUEDA DE MÚLTIPLES EJES

El lanzamiento y reingreso a la Tierra, aunque duran poco, producen momentos de gran tensión. Los astronautas se preparan para los incrementos en la fuerza gravitacional sometiéndose a los giros de una máquina centrífuga de múltiples ejes. Ésta simula los giros fuera de control causados por una pérdida repentina de velocidad al reingresar en la atmósfera.

La moda en el espacio

Un traje espacial es como una capa protectora con que el astronauta se resguarda en el espacio. Los primeros trajes fueron diseñados para quienes viajaban fuera de la atmósfera sin abandonar la nave, y lo llevaban puesto mientras comían, dormían, iban al baño y volvían a la Tierra. Después vino el traje para el espacio en sí, que proveía a los astronautas de un sistema para mantenerlos con vida y protegerlos de las temperaturas extremas y del polvo cósmico. Antes de salir, el traje es presurizado para resistir el vacío espacial. Los astronautas actuales utilizan trajes para el lanzamiento, para trabajar fuera de la nave y para regresar. En la nave, utilizan ropa informal común.

HOMBRE MÓVIL
Los primeros trajes espaciales se basaron en trajes a prueba de presión usados en jets de gran altitud, y permitían al astronauta doblar los brazos y las piernas. Los trajes del Apolo tenían "articulaciones" en forma de fuelle. Su diseño fue simplificado en este juguete de 1966.

Calzoncillo masculino para control térmico, década de 1960

Colector de orina para hombres; principios de la década de 1960

La orina se drenaba por aquí

ROPA INTERIOR ESPACIAL
Lidiar con los desechos del cuerpo es un problema para el diseño. Cualquier sistema para colectarlos debe mantener al astronauta cómodo y seco. Esto fue esencial para los primeros astronautas que no contaban con retretes, y para los de hoy, que pasan largos periodos fuera de la nave.

Traje de Yuri Gagarin, primer hombre en el espacio, 1961

Sistema portátil de mantenimiento vital

Traje de Aleksei Leonov, primero en ser usado fuera de la nave en 1965

Traje de Oleg Makarov, usado entre 1973 y 1980

Cubierta integral del zapato con suela y tacón

Traje de la estación Mir; fines de la década de 1980

MODA CAMBIANTE
Un traje espacial debe proteger al astronauta, pero también debe permitirle moverse con facilidad. Esas dos condiciones no han cambiado, aunque los diseños sí, como lo muestran estas fotos. Hoy, nuevos materiales y técnicas, junto con la experiencia práctica, se combinan para producir trajes cómodos y eficientes para el trabajo del astronauta. Los trajes ya no se hacen a la medida de cada astronauta: se fabrican en serie y pueden ser reutilizados por otros astronautas.

La cubierta se sujeta con broches de presión detrás del tobillo

El oxígeno pasaba al casco a través de canales en la superficie interna

La cubierta de oro en la visera refleja la luz y el calor

LOUSMA

Casco exterior

Casco de presión

Gorra de comunicaciones

Bolsillo para pluma con linterna

Guante exterior sobre guante interior de presión

ROPA ESPACIAL PARA INTERIORES
Los astronautas de hoy cuentan con una selección de ropa para usar en el interior de la nave. Para la atmósfera cálida y segura del transbordador o de la estación espacial, los astronautas usan camisetas y pantalón corto o deportivo. Los calcetines mantienen los pies calientes y los zapatos son innecesarios. La ropa que Helen Sharman usó en la estación Mir, en 1991, incluía este traje de una pieza y una chaqueta. En realidad hacía tanto calor que nunca los usó juntos.

TRAJE GÉMINIS
Un miembro del equipo que diseñó y fabricó los trajes para los astronautas de EE. UU. en los años 60 prueba el traje Géminis. Fue usado por los primeros caminantes del espacio fuera de la nave.

La cubierta exterior brinda protección contra las temperaturas extremas y el polvo cósmico

DISEÑADOS PARA LA LUNA
Los trajes del Apolo fueron diseñados para el viaje lunar. Sobre la piel, los astronautas usaban un traje ligero con sensores para reportar los cambios corporales. Luego usaban un traje con una red de 300 pies (91.44 m) de tubería por donde corría agua fresca para mantener la temperatura correcta en el cuerpo. Finalmente, portaban el traje de fibras sintéticas de alta resistencia, metales y plásticos. Se añadía sobre la espalda un sistema de mantenimiento vital que se controlaba desde el frente del traje cuando el astronauta dejaba la nave.

Ropa interior: camiseta de manga larga y pantalón largo

Traje de una pieza y ropa interior usados debajo del traje espacial para el lanzamiento y el regreso

Bandera de Gran Bretaña

X. ШАРМАН
H. SHARMAN

Traje unisex de una pieza con cremallera para eliminar desechos con mayor rapidez

Cintas para mantener los pantalones en su lugar

Bolsillos con cremallera para asegurar el contenido

La vida en el espacio

LOS ASTRONAUTAS HACEN EN EL ESPACIO lo mismo que hacemos en la Tierra para sobrevivir: comen, respiran, duermen, se asean, cuidan su salud y van al baño. Todo lo necesario para estas actividades se transporta en la nave o se fabrica en el espacio. La principal diferencia entre la vida sobre la Tierra y en el espacio es la ingravidez. Las tareas cotidianas más simples deben ser cuidadosamente planeadas. Como los astronautas inhalan oxígeno y exhalan dióxido de carbono, corren el peligro de asfixiarse, así que se hace circular oxígeno fresco en la nave. El vapor de agua proveniente de la respiración de los astronautas se recicla para su uso en experimentos y para beber. En el baño se usa aire para succionar los desechos corporales.

SIN REPOSO
Lo que no esté sujeto en una nave espacial se moverá a la menor provocación. Como el polvo no se asienta, se aspira para eliminarlo.

BAJO PRESIÓN
Los fluidos corporales no son atraídos por la gravedad y suben a la cabeza del astronauta. Su cara se hincha y sus fosas nasales se bloquean. Los astronautas usan cinturones sobre los muslos para controlar los fluidos hasta que el cuerpo se adapta.

EN EL GIMNASIO
La ascensión de los fluidos en el cuerpo del astronauta causa que los riñones produzcan más orina, desajusta la salinidad del cuerpo y ocasiona pérdida de tejido muscular y, por tanto, de habilidad. Esto se contrarresta con dos horas diarias de ejercicio. Aquí, ejercicio y pruebas se combinan. Mientras el canadiense Robert Thirsk pedalea, su condición se analiza.

El astronauta obtiene las 2,800 calorías requeridas con tres comidas al día

Piña

Melocotón

Carne agridulce

Pera

Arroz

Fruta y nueces

Pollo

Chícharos

Almendras

Bebidas

Cereales

¿QUÉ HAY DE COMER?
Los alimentos se preparan antes del viaje. La comida empaquetada puede estar lista para comerse, calentarse o agregarle agua. Muchos alimentos son similares a los que vemos en el supermercado. Los productos frescos se comen al principio del viaje o cuando los llevan los astronautas visitantes.

Los paquetes de comida están sujetos a la bandeja atada a la pierna del astronauta

Los cubiertos tienen agujeros para poderlos atar

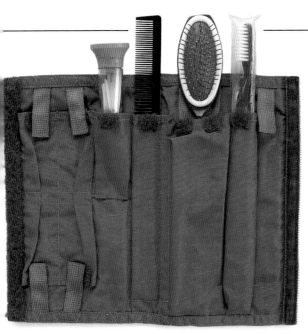

HIGIENE PERSONAL

Los astronautas que viajaron a la estación Mir recibieron un estuche para higiene personal. La foto muestra el que usó Helen Sharman para su misión en 1991. Los bolsillos contienen objetos para el cuidado de manos, dientes y cabello. Los dientes se asean con un cepillo y una pasta comestible que no hace espuma, o con una toalla húmeda.

En las plumas diseñadas para el espacio, la tinta se empuja hacia la punta

КОМАНДИР

CCCP

РЕЗЕРВНЫЕ РЕЖИМЫ

MARIPOSA DE ALTOS VUELOS

Todo lo que un astronauta pueda necesitar en el espacio le es suministrado por la agencia espacial, pero también tienen la oportunidad de llevar consigo uno o dos objetos personales pequeños y ligeros. Helen Sharman llevó este broche que recibió de su padre.

DUCHA ESPACIAL

El primer excusado y ducha espacial privado estuvo en la estación Skylab de EE. UU., en órbita durante 1973 y 1974. Pero el excusado era inseguro y molestaba a los otros astronautas cuando estaba en uso, y la ducha tenía fugas y perdían un tiempo precioso en limpiarla. Estados Unidos prescindió de éste en el transbordador, y en la estación Mir rara vez se usa.

Toallita para limpieza corporal

DIARIO DE UN ASTRONAUTA

Esta bitácora contiene detalles del procedimiento de vuelo. Helen Sharman registró en su libreta el lanzamiento, su llegada al Mir y su aterrizaje. Viajó a bordo de la nave rusa Soyuz TM-12. Como parte de su entrenamiento aprendió a hablar ruso.

LIMPIEZA

САЛФЕТКИ ВЛАЖНЫЕ

САЛФЕТКИ СУХИЕ

Estas toallitas húmedas se usan para limpiar el cuerpo de los astronautas y la nave. Algunas, como estas rusas, son especiales para el espacio, pero también se usan toallitas para bebés.

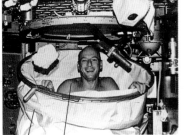

El estadounidense Jack Lousma en la ducha de Skylab

En la unidad sellada, el agua se rocía con aire sobre el astronauta y se aspira de inmediato

Asa para que el astronauta se sostenga

MANEJO DE DESECHOS

Al usar el excusado, el astronauta se pone guantes de goma y elige un embudo. Cuando éste es conectado a la manguera para desechos, el astronauta se sienta y mantiene el embudo pegado a su cuerpo; se enciende el sistema, y mientras el astronauta orina, el líquido es drenado con aire. Para desechos sólidos, la taza se presuriza para producir un ligero vacío que sella el cuerpo del astronauta en el asiento. Al final, el astronauta usa toallitas para su aseo y el del excusado.

Éste es el asiento, el cual se levanta para asearlo

Aquí se muestra cómo se juntan los desechos sólidos

El embudo (para hombre o mujer) se utiliza para los desechos líquidos

La manguera retira los desechos líquidos

Los pies se aseguran a los pedales

Modelo de excusado espacial, Centro Euro Espacial, Transinne, Bélgica

Y el trabajo…

U<small>N ASTRONAUTA PUEDE PASAR SUS DÍAS</small> de trabajo dentro o fuera de la nave. Dentro, la rutina de observar y mantener la nave se cumple junto con pruebas científicas, que incluyen exámenes de los efectos del viaje espacial en el cuerpo humano, pruebas de nuevos productos en el espacio e investigación sobre producción de alimentos, que beneficiará a las futuras generaciones en el espacio. Hay organizaciones comerciales que envían experimentos para desarrollarse en la ingravidez. El trabajo fuera de la nave se llama actividad extravehicular (EVA). El astronauta puede permanecer conectado, o portar una unidad de operación de maniobras (MMU). Puede desplegar satélites, iniciar experimentos o ayudar a construir la Estación Espacial Internacional (ISS).

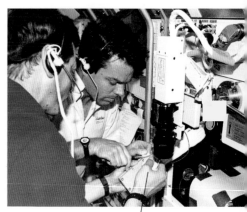

Reparación de la "Bubble Drop Particle Unit"

REPARACIONES

En un experimento a bordo del Columbia fue necesario hacer reparaciones durante el vuelo. En la Tierra, el astronauta español Pedro Duque realizó exactamente la misma reparación. Su trabajo fue grabado y el video transmitido a la tripulación, el francés Jean-Jacques Favier y el estadounidense Kevin Kregel, hicieron la reparación real.

ÓRDENES DE ABAJO

A los astronautas se les asignan tareas mucho antes que dejen la Tierra. Trabajan de cerca con los científicos e ingenieros que diseñaron los experimentos en los meses anteriores al lanzamiento. Mientras los astronautas están en órbita, los científicos esperan en la Tierra el éxito de la misión. Alguna vez estuvieron en contacto mediante teletipos, pero las computadoras portátiles actuales son mucho mejores.

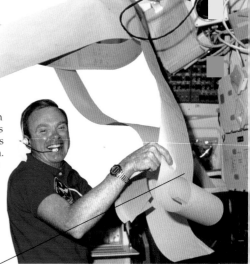

La visera examina la orientación del astronauta

El estadounidense Richard Linnehan en el laboratorio espacial a bordo del Columbia

En 1985, el Challenger se llenó de tanto papel, que hubiera llenado varias canchas de fútbol

OBSERVACIÓN DE SÍ MISMO

A veces, el astronauta es al mismo tiempo el científico y el objeto de investigación. Su tarea es ver cómo el cuerpo humano – su propio cuerpo – resiste el ambiente del espacio. En la Tierra, la gravedad atrae todo a la superficie y eso proporciona una referencia visual para arriba y abajo. En el espacio, esa referencia no existe, lo que puede ser muy desorientador.

El astronauta prepara muestras en la guantera

TRABAJANDO EN UNA GUANTERA

En la estación Mir y en Spacelab, el laboratorio europeo a bordo del transbordador (d.), se han realizado experimentos de todo el mundo. Algunos sólo requerían activación en el espacio, otros necesitaron participación de un astronauta. El estadounidense Leroy Chiao (ar.) coloca muestras en una de las centrífugas de a bordo. Su compatriota Donald Thomas tiene las manos en una guantera sellada para experimentación.

Broches de seguridad

Cortador de hojas

Remachadora

Cortador de cables

El guante que Musa Manarov usó en Mir

MMX

MANOS EN EL GUANTE

Los guantes espaciales protegen del frío al astronauta que trabaja fuera de la nave, pero también deben permitirle tomar las herramientas y "sentir" lo que hace con las manos. Los guantes pueden dejar en los dedos una sensación de frío y de hormigueo. El astronauta británico Michael Foale lo describió como poner la mano en la nieve.

El astronauta y su material se aseguran con un equipo de tipo alpinista

Bolsa para equipo y herramientas

Martillo

Martillo   Trinquete

LAS HERRAMIENTAS

La caja de herramientas de un astronauta tiene lo necesario para cualquier trabajo: desde una llave inglesa eléctrica para reparar un satélite, hasta un cepillo de cobre suave para limpiar el polvo en las ventanas. Sin gravedad, quitar un tornillo es trabajo de dos: uno empuja el destornillador y el otro le da vuelta. De no ser así, giraría el astronauta, pero no el tornillo.

Gardner regresa el Westar al Discovery

RESCATE DE UN SATÉLITE

En 1984, los astronautas estadounidenses Dale Gardner y Joseph Allen hicieron el primer rescate de un satélite. Con una unidad de maniobras, Gardner llegó hasta Westar, el segundo de dos satélites en órbita incorrecta. Una vez que lo capturó, lo regresó al Discovery, donde lo aseguraron en el área de carga y lo devolvieron a la Tierra para su reparación y relanzamiento.

Traje para actividad extravehicular con sistema de mantenimiento vital

Muestras de experimentos que serán puestos fuera de Mir para observar el ambiente espacial

Strela, una de dos vigas telescópicas operadas a mano desde Mir

INGENIERO ESPACIAL

El astronauta alemán Thomas Reiter se unió a la Administración Europea del Espacio en mayo de 1992. Un año después fue seleccionado para su primera misión: se sometió a 18 meses de intenso entrenamiento para sus tareas de ingeniería a bordo, dos caminatas espaciales, 40 experimentos científicos y la operación de la nave Soyuz que lo llevaría a Mir. Su trabajo comenzó el 3 de septiembre de 1995 y terminó el 29 de febrero de 1996, cuando regresó a casa.

Descanso y recreación

EN EL ESPACIO, LOS ASTRONAUTAS TIENEN horas de recreo igual que si estuvieran en la Tierra. Cuando terminan sus labores, pueden dedicarse a lo que les guste: leer, tomar fotografías, escuchar música o jugar cartas. Aunque pueden elegir algún juego, a veces prefieren mirar por la ventana de la nave, pues observar el mundo desde lo alto es un pasatiempo del que ningún astronauta se cansa. Los primeros astronautas en el espacio tenían comprometido cada minuto y sus movimientos eran seguidos por el controlador terrestre. Ahora el horario de todo astronauta incluye tiempo para relajarse y disfrutar de la experiencia y las sensaciones únicas que el espacio ofrece.

LOS TIBURONES
El astronauta Bill Lenoir, de EE. UU., observa su tiburón de juguete.

El yo-yo se juega horizontalmente, pues no hay gravedad que lo haga bajar

REPUBLIQUE FRANÇAISE

MEZIERES   POSTES 1988
LA COMMUNICATION 2,20

CARTA A CASA
Con las computadoras, los astronautas mantienen contacto diario con su familia y amigos. Otros prefieren enviar cartas a casa. Los astronautas de Mir operaban su propia oficina postal. Las cartas, fechadas y con estampillas, eran enviadas con los astronautas que volvían a la Tierra. Esta estampilla francesa para uso terrestre celebraba la comunicación.

Las figuras flotan porque no hay gravedad que las mantenga en una superficie

En la Tierra se hace una cadena de siete canicas magnéticas antes de que la gravedad las separe

Como en el espacio no hay gravedad, la cadena sigue aceptando canicas

El líquido flota en el espacio, a menos que la boquilla se cierre entre cada trago

BOCADILLOS
Si tienen hambre entre comidas, los astronautas pueden elegir de entre varios bocadillos y bebidas: fruta y frutos secos, galletas sin migas y bebidas frías o calientes. Por lo general, las bebidas se toman de paquetes o tubos sellados. Una vez abierta esta lata, el líquido sale y flota libremente, por lo que es necesaria una boquilla especial.

La guitarra se pliega para guardarla

El astronauta alemán Thomas Reiter estuvo 179 días en el Mir

CUERDAS CÓSMICAS
Las cintas de audio son ligeras y pequeñas, condiciones para el material no esencial que se lleva al espacio. Escucharlas y cantar es muy divertido, pero mientras un astronauta se relaja, otro todavía está trabajando, por lo que el volumen no debe ser alto. Los astronautas visitantes pueden llevar nuevas cintas. En noviembre de 1995, la tripulación del Atlantis visitó Mir, y dejó como regalo una guitarra plegable.

¡QUIETAS!
En la Tierra, en este juego se recogen las tabas del suelo en lo que se lanza la pelota al aire y se atrapa al caer. En el espacio, las figuras se sueltan en el aire y éstas se separan. La pelota se lanza contra la pared de la nave y se atrapa al venir de regreso.

JUGUETES ESPACIALES

En abril de 1985 se lanzó el Discovery con diez juguetes comunes a bordo. Éstos, y un avioncito de papel que los astronautas hicieron en el espacio, fueron las estrellas de un video educativo. La parte central de la nave se convirtió en un salón de clases donde los astronautas demostraron los juguetes, como el yo-yo, las tabas o *jacks* y las canicas magnéticas.

El cabello sólo se levanta cuando se jala

CABEZA LIMPIA

En el espacio, no es prioritario lavar la ropa o el cabello. La ropa sucia se regresa a la Tierra en bolsas, y la limpieza del cabello puede evitarse si el viaje es corto. En caso necesario, la limpieza no puede hacerse del modo usual, con mucha agua y champú, sino que lo sucio se retira con una toalla impregnada en una sustancia tipo champú.

Susan Helms, de EE. UU., prueba el champú espacial

Las pantuflas de lana daban a Ockels comodidad y calor

FOTÓGRAFO ESPACIAL

Tomar fotografías en el espacio es un modo de mantener vivo un recuerdo único. A bordo de la nave hay cámaras fotográficas, de transparencias, de video y de cine, todas para uso oficial o para la diversión de los astronautas. A través de la ventana del Challenger, el estadounidense Karl Henize toma fotos de una escena en el compartimiento de carga en el exterior.

El anillo inflable da soporte al astronauta mientras duerme

El holandés Wubbo Ockels a bordo del Challenger en 1985

Bolsa de dormir, diseñada por Ockels

BUENAS NOCHES, QUE DUERMAS BIEN

Alguna vez, los astronautas durmieron en sus asientos o en hamacas. Hoy existen opciones más cómodas: sujetan bolsas de dormir a las paredes de la nave o usan literas con cobertores a prueba de sonido y de ingravidez. Esta bolsa de dormir especial fue usada en la década de 1980 a bordo del transbordador y de Mir. Su anillo inflable simulaba la presión que el peso de los cobertores tienen en la Tierra.

Peligro y desastre

PREPARAR Y PLANEAR UNA MISIÓN ESPACIAL requiere de cuidados extremos. Una vez que la nave y su cargamento son lanzados, hay poco que pueda hacerse para corregir errores. El menor descuido puede significar el fin de un proyecto de miles de millones de dólares, y en un segundo pueden perderse años de trabajo y las expectativas de miles de personas. Los errores son posibles y los problemas que se presentan van desde la gripe de un astronauta que retrasa el vuelo, hasta el fracaso del proyecto y la pérdida de vidas. Pero los desastres son raros y el envío de astronautas y naves al espacio ha sido un gran éxito.

VECINOS
El centro de EE. UU. de lanzamiento de transbordadores está en Florida, junto a una reserva silvestre. El pigargo es una de las más de 300 especies de aves ahí. Los técnicos se aseguran de que las aves no aniden en lugares inadecuados.

PROBLEMAS EN EL PARACAÍDAS
Vladimir Komarov fue el primer humano muerto en un vuelo espacial. Luego de un día en el espacio, descendió a la Tierra el 24 de abril de 1967, pero las cuerdas de su paracaídas en el Soyuz 1 se enredaron, la nave cayó a tierra y estalló.

La tripulación del Apolo 13 recibe honores. Su misión fue calificada como fracaso exitoso, por la experiencia obtenida en el rescate

El presidente Nixon da la bienvenida a la tripulación del Apolo 13

John Swigert   Fred Haise   James Lovell   Richard Nixon

EL FRACASO DE UNA MISIÓN
El 13 de abril de 1970, dos días después de su lanzamiento, el viaje del Apolo 13 a la Luna fue interrumpido cuando un tanque de oxígeno roto explotó y dañó los sistemas de potencia y mantenimiento vital a bordo. El peligroso incidente fue reportado a la Tierra con la frase: "Houston, aquí tenemos un problema". Todo se olvidaron del alunizaje y los esfuerzos se concentraron en rescatar con vida a los tres hombres de la tripulación.

AL FIN EN CASA
La explosión a bordo del Apolo 13 en el módulo de servicio descompuso su motor. Los astronautas usaron el motor del módulo lunar, originalmente diseñado para maniobrar en la Luna, para orbitar la Luna y regresar a la Tierra. Fue un gran alivio cuando los astronautas fueron rescatados por el bote de recuperación.

FUEGO EN UN INSTANTE
Los astronautas Virgil Grissom, Edward White y Roger Chaffee perecieron en un incendio del módulo de comando en el Apolo 1, el 27 de enero de 1967. Estaban en tierra practicando la cuenta regresiva para el lanzamiento, y no pudieron escapar. La nave, de EE. UU., fue rediseñada.

Los efectos del intenso fuego pueden verse en el exterior del módulo de comando

Urnas con los restos de los astronautas se colocaron en el muro del Kremlin

AL REGRESAR DEL ESPACIO
Tras 23 días a bordo de la estación Salyut 1, los astronautas soviéticos Georgi Dobrovolsky, Viktor Patsayev y Vladislav Volkov iniciaron su regreso. Al acercarse a la Tierra, el 31 de junio de 1971, hubo una fuga de aire en su cápsula. No traían puesto su traje espacial y se asfixiaron; fueron encontrados muertos al aterrizar la cápsula.

Los astronautas prueban la
salida de emergencia en la
plataforma de lanzamiento

Cada canastilla, de siete, tiene cupo para
tres miembros de la tripulación y cableado
independiente para bajarlos sin peligro

La insignia se hizo para conmemorar que una
maestra, más que una astronauta entrenada
convencionalmente, viajara al espacio

El transbordador Challenger despegó
por primera vez en 1983. Este vuelo
de 1986 era su décima misión

La agencia espacial de EE. UU que
controla el vuelo del transbordador es la
NASA, o la Administración Nacional
para la Aeronáutica y el Espacio

PROBANDO LA RUTA DE EVACUACIÓN

Con el fin de que los astronautas abandonen de prisa
la nave en caso de emergencia, se han desarrollado
varios procedimientos. Para los astronautas del
transbordador, la ruta de evacuación antes de los
30 últimos segundos de la cuenta regresiva es una
canastilla de cables de acero, que baja al suelo en
35 segundos. Una vez abajo, los astronautas usan
un refugio subterráneo hasta que pase el peligro.

PERDIDO EN EL ESPACIO

En febrero de 1996, los astronautas instalaban un
satélite cuando el cable de 12.8 millas (20.6 km) que
lo conectaba al transbordador Columbia se rompió.
El satélite, de 422 millones de dólares, tuvo que ser
dado por perdido. Los astronautas habían intentado
infructuosamente desplegar el satélite italiano cuatro
años antes. La idea era remolcarlo a través del campo
magnético terrestre para producir electricidad.

A sólo 33 pies (10.06 m) de
terminar, el cable de 12.8
millas (20.06 km) se rompió
y el satélite se perdió

LA TRAGEDIA DEL CHALLENGER

Setenta y tres segundos después de su lanzamiento el 28
de enero de 1986, el transbordador Challenger explotó.
Los siete tripulantes murieron, incluida la maestra Sharon
Christa McAuliffe, que había ganado un concurso en
EE. UU. para viajar a bordo y planeaba dar una clase desde
el espacio. El despegue y la preparación del lanzamiento
son dos de las etapas más peligrosas de una misión. Éste
fue el primer vuelo que despegó pero no llegó al espacio.

El Mars-96 fue ensamblado en la
Asociación Científico-Industrial
Lavochkin, en Khimki, cerca de Moscú

MARS-96

La prueba espacial rusa Mars-96 fue
lanzada con éxito del centro espacial
Baikonur el 16 de noviembre de 1996,
pero se perdió a casi media hora del
lanzamiento. El cuarto juego de
propulsores no pudo sacar el Mars-96
de la órbita terrestre rumbo a su
objetivo, Marte.

PICOTAZOS

Un pájaro carpintero
retrasó el lanzamiento
del transbordador en
junio de 1995. El
Discovery estaba listo
para despegar, pero tuvo
que volver al hangar, a un
costo de 100 mil dólares,
porque un pájaro había
hecho más de 75 agujeros en
la capa térmica del tanque del
combustible. Entre las medidas
tomadas para evitar que se
repitiera el problema fue poner
búhos de plástico.

Caja de experimentos recobrada
en los pantanos de la Guyana
francesa, cerca del sitio de
lanzamiento del Ariane 5

OBJETOS PERDIDOS

El fracaso de Mars-96 fue un serio retroceso en
la exploración de Marte y del programa espacial
ruso. Se esperaba que la prueba llevara cuatro
experimentos a Marte en septiembre de 1997.
La pérdida de estos experimentos ocurrió
apenas cinco meses después de la destrucción
de experimentos que iban en el Ariane 5, de la
Agencia Espacial Europea, el cual explotó poco
después de su lanzamiento debido a un problema
de programación en la computadora.

Estaciones espaciales

A CASI 220 MILLAS (345 KM) sobre la Tierra, los astronautas construyen la Estación Espacial Internacional (ISS). Cuando se termine, será la más compleja jamás construida. Es la décima estación en el espacio. La primera fue la rusa Salyut 1, en órbita en 1971, seguida de otras seis Salyut. Skylab, la estación de EE. UU., se usó a mediados de la década de 1970. La más exitosa fue Mir, octava estación rusa. Los astronautas se turnaron para permanecer ahí durante meses, donde hicieron experimentos, observaciones y recogieron información sobre cómo reaccionan los humanos al pasar largos periodos en el espacio. A bordo de Mir, se registró la estadía más larga de una persona en el espacio.

Primer módulo de Mir en el espacio. La tripulación vivía aquí

Paneles solares del Soyuz, para generar electricidad

Nave Soyuz para transportar a la tripulación

Puerto de conexión con Mir, con cupo para cinco visitantes al mismo tiempo

MIR, UNA ESTACIÓN EXITOSA
Mir fue construida en el espacio entre 1986 y 1999, y nuevos modelos se han ido añadiendo, pieza por pieza, al original. Este modelo muestra cómo era en 1988. La foto abajo a la derecha muestra cómo era el Mir en 1995, antes de que se anexara el módulo final. Los astronautas vivieron ahí durante un periodo corto: de febrero de 1987 a junio del 2000. Usualmente había una tripulación de dos o tres, pero había cupo hasta para seis. Provenían de más de una docena de países viajando a bordo del Soyuz o del transbordador. La estación Mir fue sacada de órbita y desensamblada en la atmósfera terrestre en marzo del 2001.

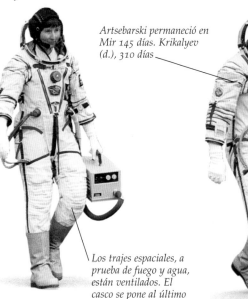

Artsebarski permaneció en Mir 145 días. Krikalyev (d.), 310 días

HACIA EL ESPACIO
Tres astronautas caminan por la plataforma de Baikonur, rumbo a la nave Soyuz TM-12 que los llevará a Mir (mayo, 1991). Helen Sharman (i.), primera británica y primera mujer en Mir, estuvo a bordo ocho días. El comandante Anatoli Artsebarski volaba por primera vez. El ingeniero de vuelo Sergei Krikalyev (d.) estaba familiarizado con la estación, pues había estado ahí dos años antes.

Los trajes espaciales, a prueba de fuego y agua, están ventilados. El casco se pone al último

VIDA EN LAS ALTURAS

La séptima y última estación Salyut fue lanzada en abril de 1982. Salyut 7 estuvo en órbita a casi 220 millas (322 km) sobre la Tierra, hasta febrero de 1991. Anatoly Berezovoi (ar.) y Valentin Lebedev fueron la primera tripulación que pasó 211 días en el espacio. Fue hogar de la primera tripulación de hombres y mujeres en el espacio.

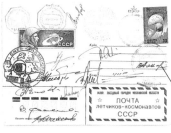

Firmada por cada tripulante a bordo de Mir

POSTALES DEL ESPACIO

Postales como ésta pasaron por una oficina de correos que estaba realmente fuera de este mundo, la instalada a bordo de Mir. El sello postal único era estampado a mano. A finales de 1987, la tripulación a bordo de Mir selló y firmó cerca de 1,000 sobres para filatelistas de todo el mundo.

Sergei Avdeev permaneció en Mir de septiembre de 1995 a febrero de 1996

DENTRO DE MIR

El interior de Mir era similar en forma y tamaño al interior del vagón de un tren. No había piso ni techo, pues a donde uno volteara había equipo para la operación de la estación espacial, para experimentos o para las necesidades cotidianas de los astronautas.

Kvant, primer módulo de expansión anexado a Mir (julio, 1987), era para ciencia y astronomía

Progress unido al puerto de la popa

Progress, nave de carga no tripulada que contenía agua, combustible, alimentos, correo y equipo para Mir

UNIÓN ESPACIAL

En junio de 1995, el transbordador estadounidense se unió por primera vez con la estación rusa Mir. Juntas, eran la nave más grande jamás vista en el espacio. Los astronautas del Atlantis tenían su propia celebración: eran la centésima tripulación de seres humanos lanzada al espacio.

Fotografía del Atlantis alejándose de Mir, tomada por Solovyev y Budarin, que salieron de Mir a bordo de su nave Soyuz

APROVECHANDO EL TRANSPORTE

Anatoly Solovyev y Nikolai Budarin llegaron a Mir a bordo del Atlantis. Una vez que el transbordador se unió a Mir, las compuertas de ambos lados se abrieron. Los dos rusos y los cinco estadounidenses pasaron por Mir para asistir a una ceremonia de bienvenida. Cinco días después, a bordo del Atlantis, los estadounidenses dejaron Mir, donde se quedaron los dos astronautas rusos.

DESPEDIDA CALUROSA

Atlantis y la estación Mir estuvieron unidos casi 100 horas, mientras orbitaban la Tierra en junio de 1995. A bordo había siete astronautas que habían llegado en el Atlantis, y otros tres que ya estaban en Mir. Estos últimos se prepararon para reingresar en la gravedad terrestre después de más de tres meses en el espacio. Volvieron a bordo del Atlantis, con muestras médicas tomadas en el espacio.

Ciencia sin gravedad

Insignia de
Spacelab 2, 1985

Los ASTRONAUTAS OBSERVAN, controlan y realizan experimentos dentro y fuera de la nave mientras orbitan la Tierra. Éstos los dan agencias espaciales, industrias, universidades y escuelas, y pueden ser investigaciones sobre la resistencia de los seres vivos (astronautas, insectos, plantas) en el espacio. También cubren áreas como procesos químicos y comportamiento de materiales. El conocimiento adquirido se utiliza para planear futuras misiones o se aplica a la vida en la Tierra. Los experimentos pueden ser parte del trabajo de la tripulación, o la única razón de la misión.

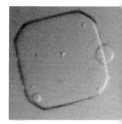

CRISTAL
En el espacio se cultivan cristales proteínicos de plasma humano. Son más grandes y están mejor ordenados que los cultivados en la Tierra. Su estudio ayuda en la producción de medicamentos para el cuerpo humano.

SPACELAB
El laboratorio espacial Spacelab, de la ESA, viaja en el compartimiento de carga del transbordador. Es una cabina presurizada donde trabajan los astronautas. Paletas en forma de U fuera de la cabina sostienen los instrumentos expuestos al espacio. En 1983 voló por primera vez. Un vuelo promedio dura diez días. Aquí, acomodan el Spacelab antes de un vuelo.

Germinados de avena

CULTIVOS ESPACIALES
Una unidad de cultivo de plantas se usó en marzo de 1982 para probar cómo la ingravidez afectaba las plantas. Estos dos germinados se cultivaron con semillas de la unidad a bordo del Columbia. Fueron muy parecidos a los cultivados en la Tierra, aunque algunas de sus raíces crecieron hacia arriba.

Bondar revisa los germinados en la caja de experimentos a bordo del Discovery

CON GRAN HABILIDAD
Roberta Bondar, de Canadá, hizo experimentos durante un vuelo de ocho días en el transbordador, en enero de 1992. Estudió los efectos de la ingravidez en germinados de avena y lenteja, en hueva de camarón y en larvas de moscas enanas.

Germinados de haba

NUEVA GENERACIÓN
La primera criatura terrestre nacida en el espacio surgió de su cascarón el 22 de marzo de 1990. La codorniz japonesa fue resultado de un experimento a bordo de Mir. Se llevaron 48 huevos y se colocaron en una incubadora con sistemas de ventilación, alimentación, calefacción, drenaje y almacenamiento. Astronautas en Mir y científicos en la Tierra aguardaron. Luego de 17 días, los primeros huevos se quebraron y nacieron seis polluelos. El nacimiento tuvo poco impacto más allá del mundo de la biología espacial, pero representa un momento clave en la investigación sobre la reproducción en el espacio, que servirá en el futuro.

El huevo de codorniz comienza a quebrarse

Las plumas aparecen al quebrarse el huevo

TRABAJANDO JUNTOS, EL EXPERIMENTO
Un astronauta hace experimentos en nombre de un científico que se queda en tierra. Aquí, un científico (d.) instruye al astronauta que va a hacerse cargo del telescopio en el espacio. Están revisando los controles para dirigir el telescopio a la parte correcta del Sol.

CHASE y otros instrumentos montados en la plataforma del Challenger

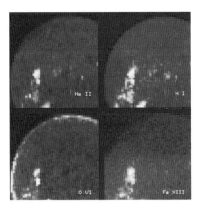

IMÁGENES SOLARES, EL RESULTADO
CHASE tomó estas imágenes del Sol, en las que los colores están alterados para mostrar detalles. Son de la corona, capa exterior de gas del Sol, y cada una muestra una altura diferente dentro de ella. Corresponden a una parte de la corona muy activa y revelan la estructura del campo magnético del Sol.

CHASE, EL INSTRUMENTO
La segunda misión Spacelab, que en el verano de 1985 voló a bordo del Challenger, llevó en su compartimiento de carga el telescopio científico CHASE (Coronal Helium Abundance Spacelab Experiment). El telescopio medía la cantidad de helio existente en las capas exteriores del Sol.

TODO EN UN DÍA DE TRABAJO
El astronauta francés Jean-Jacques Favier trabaja en un experimento al tiempo que utiliza el Experimento de Rotación del Torso, que forma parte de una serie de pruebas para estudiar los efectos de la ingravidez en el cuerpo humano. Favier y otros tripulantes del Spacelab Vida y Microgravedad, a bordo del Columbia en 1996, también se sometieron a pruebas de pérdida de tejido óseo, desempeño muscular y gasto de energía.

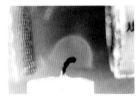

LAS LLAMAS DE LAS VELAS
En la Tierra, la gravedad y las corrientes de aire influyen en la propagación del fuego. Pero, ¿qué pasa en el espacio? Los experimentos muestran que las llamas allá forman una esfera, no la figura alargada que tienen en la Tierra (i.). También se inclinan mucho cuando se someten a un campo eléctrico (d.), lo que no afecta a las llamas terrestres.

Richard Linnehan, de EE. UU., prueba su reflejo muscular con el equipo de mano

Los astronautas usan estribos para mantenerse estables mientras trabajan

Experimento de Rotación del torso

Arabella en la telaraña que tejió a bordo del Spacelab

LA ARAÑA ARABELLA
Un estudiante de Massachusetts, EE. UU., diseñó un experimento espacial que involucraba a dos arañas, Anita y Arabella. El estudiante quería saber si podrían fabricar telarañas en condiciones de ingravidez. Sus primeros intentos no fueron perfectos, pero una vez que se adaptaron al espacio, construyeron telarañas bien organizadas y resistentes.

El polluelo comienza a salir

El polluelo sale por completo

El polluelo se yergue

Probando el equipo

Cualquier equipo enviado al espacio se somete a rigurosas pruebas antes de llegar a la plataforma de lanzamiento. Construirlo y probarlo comienza años antes del despegue. Los prototipos de cada elemento de una sonda espacial o satélite se construyen de manera individual y se prueban minuciosamente antes de producir las piezas reales. Éstas se ensamblan casi un año antes del lanzamiento. La nave completa pasa entonces por otro ciclo de pruebas para asegurar su confiabilidad total: debe ser capaz de soportar el rigor del despegue y el ambiente una vez en el espacio. Así, las pruebas se llevan a cabo en condiciones lo más parecidas posible a las encontradas en el espacio.

Exterior del LSS. Abajo, en detalle

Instalaciones para equipo de prueba pequeño y mediano

LIMPIEZA EN PRUEBAS
En su centro de Holanda, la Administración Europea del Espacio (ESA) analiza el comportamiento de las sondas y los satélites para evaluar sus condiciones para ir al espacio. Algo tan simple como una partícula de polvo puede causar un costoso corto circuito, así que las pruebas se llevan a cabo en condiciones de extrema limpieza.

PRUEBAS HUMANAS
En 1968, el estadounidense John Bull probó la movilidad de un traje espacial diseñado para el Apolo. Por razones de salud, Bull se retiró de la misión y nunca llegó al espacio. Hombres y mujeres que van al espacio pasan por procedimientos de prueba para asegurar que estén en buenas condiciones y sobrevivan al viaje.

ADAPTACIÓN AL ESPACIO
Ante los viajes espaciales cada vez más frecuentes y largos, se revisa la adaptabilidad y resistencia de los astronautas sometiéndolos a pruebas antes, durante y después del vuelo. También se aplican a otros seres humanos para comparar. Los voluntarios son atados y columpiados para simular el regreso del espacio a la gravedad.

EL GRAN SIMULADOR ESPACIAL
Las condiciones ambientales que la tripulación encontrará en el espacio son simuladas por equipos especiales de prueba. La Administración Europea del Espacio (ESA) ha usado el Gran Simulador Espacial (LSS) desde 1986 para probar sus sondas y satélites. Recrea el vacío, el calor y las radiaciones solares del espacio. La nave por probar se sella dentro de la cámara principal, que está despresurizada para crear vacío. El impacto del Sol se produce con lámparas, con un gran espejo que dirige el brillo solar a la nave. Éste es un modelo del LSS que permite ver su interior.

La cámara auxiliar protege el espejo

El reflejo de la luz solar del simulador es dirigido a la cámara principal

Las cámaras están recubiertas de acero inoxidable con temperatura controlada

El espejo consta de 121 piezas

PISTOLA DE GAS

La nave necesita protección contra las partículas de polvo espacial que pueden producirle agujeros al chocar con ella. Los científicos de Canterbury, Inglaterra, usan una pistola de gas para evaluar el daño que esas partículas puedan causar. Esta investigación ha sido muy valiosa en el diseño de escudos para las naves espaciales.

Con metal delgado   Con metal grueso

ESCUDOS CONTRA CHOQUES

Los científicos han probado diferentes grosores de metal para minimizar el daño del polvo cósmico en las sondas espaciales. Un escudo de doble capa también puede ayudar a disminuir el daño. La primera capa de metal rompe la partícula y esparce la energía.

PANELES SOLARES

El contraste de estos dos paneles solares muestra los efectos del espacio. El de la derecha no se ha usado; el de la izquierda se recuperó del espacio. Los orificios causados por las partículas espaciales son notorios. Esta prueba puede ser usada para determinar el tamaño y la velocidad de las partículas.

Satélite en la cámara principal

La cámara principal tiene 49 pies (15 m) de alto y tapa desmontable para facilitar su uso

En el cuarto de lámparas hay 19 lámparas de xenón como ésta

Puerta de 16 pies 5 pulg (5 m) con otra de tamaño normal, para tener acceso lateral a la cámara principal

ENVISAT

En el LSS pueden hacerse pruebas en cualquier combinación y secuencia. Aquí, el satélite Envisat desciende a la cámara principal, en su última etapa de pruebas. Completado el proceso, la nave puede iniciar el vuelo.

El simulador solar da a un brillo estable y uniforme

Exploradores solitarios

VOYAGER 1
Dos Voyager viajaron por Júpiter, Saturno, Urano y Neptuno.

L<small>AS</small> NAVES ROBOTIZADAS EXPLORARON el espacio antes que el hombre. Son del tamaño de un automóvil compacto y se lanzan desde la Tierra con cohetes o en transbordadores hacia un objetivo. Estas sondas llevan a bordo experimentos para investigaciones, un suministro de energía, cohetes pequeños para ajustes en la ruta y medios para registrar y enviar información a la Tierra. Las sondas espaciales pueden volar cerca de su objetivo, orbitarlo o aterrizar en él. Unas llevan otra sonda más pequeña o una nave para ser liberada en una atmósfera o para que aterrice en la superficie lunar o de algún planeta. Han explorado todos los planetas del Sistema Solar, excepto Plutón; tomado imágenes cercanas de muchas lunas, cometas y asteroides, y estudiado el Sol.

ESTUDIANDO EL SOL
El Observatorio Solar y Heliosférico (SOHO), la nave más completa para estudiar el Sol, inició su trabajo en abril de 1996. El Sol es observado constantemente por doce instrumentos diferentes a bordo de SOHO.

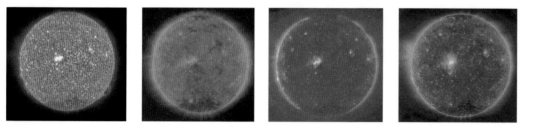

PANORAMA SOLAR
En la luz visible, el Sol parece en calma, pero SOHO está grabando mucha y muy intensa actividad. Diariamente, SOHO retrata el Sol en cuatro longitudes de onda ultravioletas (mostradas aquí), que corresponden a diferentes temperaturas en la atmósfera del sol. SOHO fue diseñado para operar hasta 1998, pero su uso se prolongó hasta el 2003.

Los círculos representan átomos de hidrógeno que emiten radiaciones en cierta longitud de onda

Dibujo de Pioneer, a escala, con gente que muestra el tamaño de un ser humano

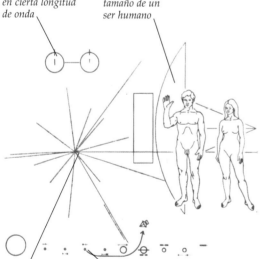

Un modo de ubicar el Sistema Solar en la Vía Láctea

El mapa del Sistema Solar muestra que Pioneer viene del tercer planeta (la Tierra) y pasó cerca de Júpiter

MENSAJE DESDE LA TIERRA
Unos meses antes del lanzamiento de Pioneer 10 en 1972, fue evidente que ésta y su sonda hermana Pioneer 11 seguirían rutas que podrían llevarlas fuera del Sistema Solar. Se acordó que ambas sondas, que irían en direcciones opuestas, llevaran mensajes en caso de que extraterrestres las encontraran en el futuro. Los mensajes fueron grabados en una placa de 6 pulg (15 cm) x 9 pulg (23 cm), hecha de aluminio y cubierta de oro.

Magnetómetro para medir el campo magnético en el espacio interplanetario y cerca de Júpiter

MÁS ALLÁ DE LOS ASTEROIDES
Pioneer 10 salió hacia Júpiter el 3 de marzo de 1972. Fue la primera sonda en ir más allá de los asteroides. Le tomó seis meses llegar hasta allá, evitando con éxito la colisión con un pedazo de roca espacial. La sonda voló junto a Júpiter, a una distancia de 80,967 millas (130,000 km), antes de encaminarse a la orilla del Sistema Solar. Las sondas que se acercan al Sol pueden traer paneles solares para obtener energía y así operar y comunicarse con la Tierra. Para ir más allá de Marte se necesitan a bordo generadores eléctricos.

Vista de Júpiter desde Pioneer 10

OBJETIVO: JÚPITER

Galileo comenzó su viaje de seis años hasta Júpiter en octubre de 1989. Propulsado por electricidad producida por la descomposición natural radiactiva de plutonio, se acercó al planeta en julio de 1995. La sonda principal orbitó el planeta y comenzó su investigación científica. La sonda más pequeña descendió a la atmósfera de Júpiter, y durante 57 minutos envió información a la Tierra. Galileo iba a trabajar dos años, pero su misión fue extendida repetidamente. En enero del 2002 sobrevoló las lunas de Júpiter por última vez.

Mientras el resto de la sonda gira tres veces por minuto, esta parte gira al contrario para dar una posición fija a la cámara y otros sensores

Antena de baja recepción para transmisión de datos a la Tierra

Antena de alta recepción, también para transmisión de datos, que permaneció plegada durante los primeros 18 meses

Tres de las 18 costillas no se abrieron, lo que inhabilitó la antena de alta recepción

Aparato de 36 pies (11 m) desplegado parcialmente, con sensores que miden el campo magnético

Gaspra, asteroide de 11 millas (19 km) de largo

Propulsor para poner Galileo en órbita alrededor de Júpiter

Uno de los dos generadores de energía

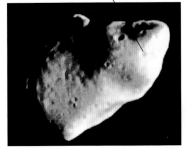

GASPRA

El cinturón de asteroides está entre Marte y Júpiter. Es un conjunto, en forma de anillo, de millones de rocas. Algunos miden kilómetros de diámetro, pero la mayoría apenas unos metros. Por primera vez pudimos ver uno de ellos al fotografiar Galileo a Gaspra.

Investigadores a fondo

A BORDO DE UNA SONDA ESPACIAL hay entre 10 y 20 instrumentos científicos altamente sensibles que observan y hacen experimentos para los científicos en la Tierra. Su información permite que astrónomos y científicos se hagan una idea de los objetos en el espacio. Este instrumental es, sin duda, la parte más importante de la sonda, aunque depende de la estructura principal que lo transporta, lo protege y lo provee de energía. A menudo, los científicos tienen que diseñar instrumentos para condiciones desconocidas y proyectos de investigación previstos sólo desde la Tierra. Quizá tengan que esperar años antes de que esos instrumentos comiencen a funcionar y a reportar resultados.

FINAL DEL VIAJE
Las sondas espaciales viajan a cientos de millones de kilómetros de la Tierra durante años. La mayoría completa sus viajes, pero Mars-96 (ar.) tenía un cohete propulsor defectuoso y no pudo dejar la órbita terrestre.

Cassini

Huygens   *Saturno*

SONDA EN SATURNO
Una de las sondas más caras que se han construido llegará a Saturno en el 2004, luego de un viaje de siete años. Cassini orbitará el planeta y sus lunas durante 4 años. Huygens, una sonda más pequeña, será liberada para explorar la atmósfera y la superficie de Titán, la luna mayor de Saturno.

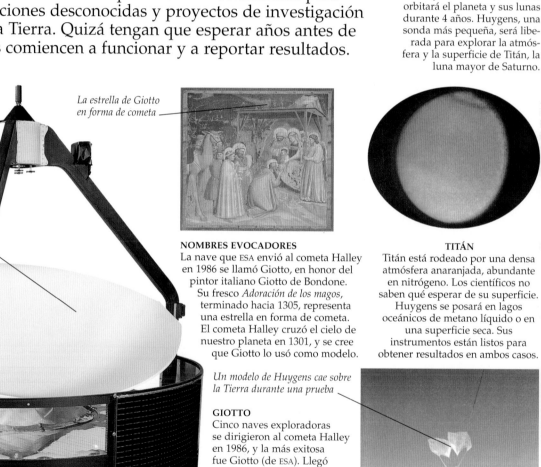

Antena para transmitir datos y recibir instrucciones de la Tierra

Tanque de combustible para propulsores de precisión

La estrella de Giotto en forma de cometa

NOMBRES EVOCADORES
La nave que ESA envió al cometa Halley en 1986 se llamó Giotto, en honor del pintor italiano Giotto de Bondone. Su fresco *Adoración de los magos*, terminado hacia 1305, representa una estrella en forma de cometa. El cometa Halley cruzó el cielo de nuestro planeta en 1301, y se cree que Giotto lo usó como modelo.

TITÁN
Titán está rodeado por una densa atmósfera anaranjada, abundante en nitrógeno. Los científicos no saben qué esperar de su superficie. Huygens se posará en lagos oceánicos de metano líquido o en una superficie seca. Sus instrumentos están listos para obtener resultados en ambos casos.

GIOTTO
Cinco naves exploradoras se dirigieron al cometa Halley en 1986, y la más exitosa fue Giotto (de ESA). Llegó a 373 millas (600 km) del núcleo del cometa, al que se aproximó a 149,133 mph (240,000 kph) y antes de alcanzar el núcleo pasó por un halo de polvo y gas. Fue la primera nave exploradora de la historia en ser protegida por un escudo contra choques.

Un modelo de Huygens cae sobre la Tierra durante una prueba

Diez instrumentos en la plataforma de experimentos

La cámara electrónica fotografió acercamientos cada cuatro segundos

El escudo de protección (no se ve) embonaba aquí. Este lado de Giotto se acercó al cometa

LA PRUEBA DE HUYGENS
Un escudo de calor protegerá a Huygens en su descenso a la atmósfera superior de Titán. Huygens será expulsado y los instrumentos medirán la atmósfera inferior mientras un paracaídas asegura un descenso lento. Un modelo de Huygens se probó para asegurar la eficacia de la secuencia.

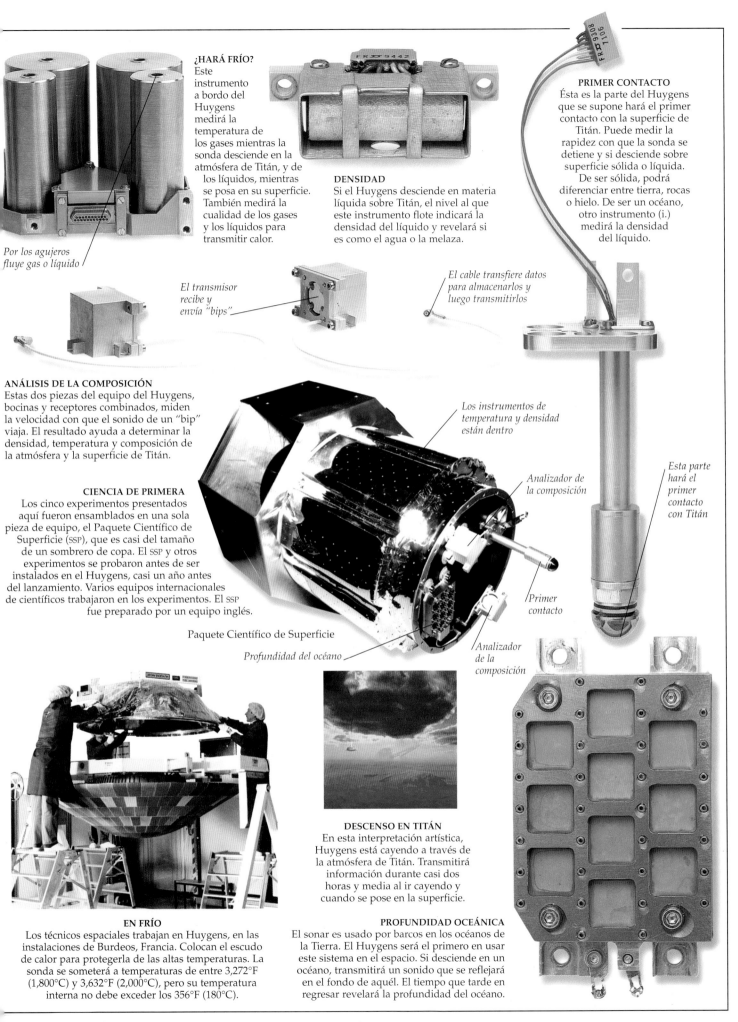

¿HARÁ FRÍO?
Este instrumento a bordo del Huygens medirá la temperatura de los gases mientras la sonda desciende en la atmósfera de Titán, y de los líquidos, mientras se posa en su superficie. También medirá la cualidad de los gases y los líquidos para transmitir calor.

Por los agujeros fluye gas o líquido

DENSIDAD
Si el Huygens desciende en materia líquida sobre Titán, el nivel al que este instrumento flote indicará la densidad del líquido y revelará si es como el agua o la melaza.

PRIMER CONTACTO
Ésta es la parte del Huygens que se supone hará el primer contacto con la superficie de Titán. Puede medir la rapidez con que la sonda se detiene y si desciende sobre superficie sólida o líquida. De ser sólida, podrá diferenciar entre tierra, rocas o hielo. De ser un océano, otro instrumento (i.) medirá la densidad del líquido.

El transmisor recibe y envía "bips"

El cable transfiere datos para almacenarlos y luego transmitirlos

ANÁLISIS DE LA COMPOSICIÓN
Estas dos piezas del equipo del Huygens, bocinas y receptores combinados, miden la velocidad con que el sonido de un "bip" viaja. El resultado ayuda a determinar la densidad, temperatura y composición de la atmósfera y la superficie de Titán.

Los instrumentos de temperatura y densidad están dentro

Analizador de la composición

Esta parte hará el primer contacto con Titán

CIENCIA DE PRIMERA
Los cinco experimentos presentados aquí fueron ensamblados en una sola pieza de equipo, el Paquete Científico de Superficie (SSP), que es casi del tamaño de un sombrero de copa. El SSP y otros experimentos se probaron antes de ser instalados en el Huygens, casi un año antes del lanzamiento. Varios equipos internacionales de científicos trabajaron en los experimentos. El SSP fue preparado por un equipo inglés.

Paquete Científico de Superficie

Profundidad del océano

Primer contacto

Analizador de la composición

EN FRÍO
Los técnicos espaciales trabajan en Huygens, en las instalaciones de Burdeos, Francia. Colocan el escudo de calor para protegerla de las altas temperaturas. La sonda se someterá a temperaturas de entre 3,272°F (1,800°C) y 3,632°F (2,000°C), pero su temperatura interna no debe exceder los 356°F (180°C).

DESCENSO EN TITÁN
En esta interpretación artística, Huygens está cayendo a través de la atmósfera de Titán. Transmitirá información durante casi dos horas y media al ir cayendo y cuando se pose en la superficie.

PROFUNDIDAD OCEÁNICA
El sonar es usado por barcos en los océanos de la Tierra. El Huygens será el primero en usar este sistema en el espacio. Si desciende en un océano, transmitirá un sonido que se reflejará en el fondo de aquél. El tiempo que tarde en regresar revelará la profundidad del océano.

Aterrizajes y descubrimientos

NAVEGANTE ESPACIAL
Las sondas espaciales Mariner fueron enviadas a Venus, Marte y Mercurio. Mariner 10 fue la primera en visitar dos planetas, Venus y Mercurio (1974-1975). Las cámaras a bordo tomaron las primeras imágenes de cerca de los planetas.

LAS SONDAS ESPACIALES son nuestros ojos en el espacio y muchas cosas más. Desde que nos dieron la primera vista detallada de la Luna, han tomado miles de imágenes. Nos han mostrado los cráteres de Mercurio, los desiertos rojos de Marte y las montañas y valles más allá de las nubes venusinas. Han sondeado atmósferas hostiles, traído rocas lunares y buscado rastros de vida en el polvo marciano. Las sondas siguen instrucciones preprogramadas para investigar objetos espaciales distantes e informar a los científicos en la Tierra. Sus descubrimientos son los esperados, aunque otros no. Mucho del conocimiento sobre el Sistema Solar obtenido en las últimas cuatro décadas se debe a las sondas, y el éxito de sus descubrimientos y aterrizajes son una garantía para las misiones del futuro.

VENUS AL DESNUDO
La superficie de Venus es oscura por su atmósfera densa y hostil. Sus primeras imágenes fueron traídas por Venera en 1975. Desde entonces, las sondas usan radares para hacer mapas. Este globo fue hecho con imágenes de Magallanes en 1992.

MERCURIO EN LA MIRA
Mariner 10 es la única sonda que ha visitado Mercurio. La nave se acercó a él tres veces y llegó a escasos 205 millas (330 km) de distancia. Sus instrumentos midieron la temperatura de la superficie, descubrieron su campo magnético y tomaron más de 10,000 imágenes. Las mejores de ellas se empalmaron para crear un paisaje detallado de este planeta seco y sin vida.

EL EXPLORADOR LUNOKHOD
El primero de dos exploradores lunares soviéticos aterrizó en la Luna el 17 de noviembre de 1970. De ocho ruedas y controlado desde la Tierra, Lunokhod 1 trabajó durante 10 meses, cubriendo 6 millas (10 km) mientras tomaba imágenes y hacía pruebas de la superficie. En 1973, Lunokhod 2 viajó 23 millas (37 kilómetros) y exploró otra parte de la Luna.

EL LADO OSCURO
Por siglos, la Luna ha sido estudiada desde la Tierra, y sondas estadounidenses, soviéticas y japonesas la han visitado desde 1959. Primero se observó el lado que se ve desde la Tierra. Una nave soviética fotografió por primera vez el lado oscuro de la Luna (4 de octubre de 1959).

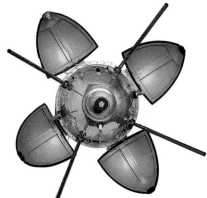

DETECTIVES LUNARES
La serie soviética Luna de sondas espaciales estudió la Luna por casi 20 años. Fueron las primeras sondas en viajar a ella, fotografiar su lado oscuro, orbitarla y estrellarse al alunizar. Luna 9 alunizó con éxito el 3 de febrero de 1966, e hizo las primeras fotos panorámicas de la superficie lunar, que mostraron detalles de sólo 1 mm de diámetro.

VENERA A VENUS

Entre 1961 y 1983, la serie soviética de sondas espaciales Venera se envió a Venus. Venera 4 fue la primera en tener éxito. En octubre de 1967 transmitió información durante 94 minutos y descendió entre las nubes venusinas antes de ser destruida por la atmósfera. Más tarde, otra sonda alcanzó la superficie. En 1975, Venera 9 envió la primera fotografía de otro planeta.

AL DESCUBRIMIENTO DE MARTE

Un total de dieciséis sondas se enviaron a estudiar Marte entre 1962 y 1975. La mitad eran soviéticas y las otras ocho de EE. UU. Tuvieron diferentes experiencias. Las primeras pasaron de largo por el planeta, y otras, más tarde, lo orbitaron. Las dos últimas descendieron con éxito sobre él.

Mars 3 se abrió para exponer los experimentos científicos

Aparato para aterrizar liberado por Mars 3 al orbitar Marte

Antena de comunicación para enviar datos a la Tierra

Los paneles solares convierten la luz solar en electricidad para propulsar la sonda

Equipo para medir la atmósfera y el campo magnético

El soporte de la nave se quedó en la Tierra

VIKINGO EXPLORADOR

Dos Vikingos idénticos se lanzaron a Marte en 1975. Cada nave llevaba un orbitador con cámaras para fotografiar Marte y sus satélites, y un módulo para aterrizar y analizar el suelo. Ambas tocaron la superficie en 1976 e iniciaron sus trabajos. No encontraron vida en Marte.

MARTE

Desde fines de los noventa varias naves se han dirigido a Marte. Pathfinder arribó en julio de 1997, y el Global Surveyor en septiembre. En octubre de 2001, Mars Odyssey fue puesta en órbita para su largo viaje.

MARS 3, PARA ORBITAR Y ATERRIZAR

Mars 3 fue lanzada en mayo de 1971. Llegó y comenzó a orbitar alrededor de Marte en diciembre de ese año. Una sonda fue liberada y descendió a la superficie en paracaídas. Aparentemente tocó tierra, pero 20 segundos después, la transmisión de datos se detuvo sin razón obvia. La sonda pudo haber sido sepultada por una tormenta de arena.

Un espacio atiborrado

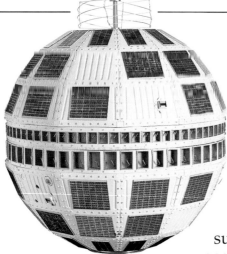

LA LUNA ES EL ÚNICO SATÉLITE NATURAL de la Tierra y su vecino más cercano en el espacio. Entre ambos está el espacio en sí prácticamente vacío. Pero si alguien visitara la Tierra por primera vez pensaría que el volumen de espacio inmediato alrededor de ella está atestado. En los pocos miles de kilómetros de su superficie hay casi 1,000 satélites en operación. Cada uno es un instrumento especializado que sigue su propio camino en torno a la Tierra. Los satélites trabajan para nosotros de muy distintas maneras. Quizá los más importantes son los de telecomunicaciones, que afectan gran parte de nuestra vida: nos comunican con sólo tocar un botón, nos transmiten imágenes por televisión, y se usan día y noche en todo tipo de negocios.

TELSTAR
Las primeras señales trasatlánticas de televisión en vivo se transmitieron en julio de 1962 por Telstar, un satélite de 35 pulg (90 cm) de ancho, cubierto de celdas solares. Después, la televisión en vivo se convirtió en algo cotidiano. En 1987, los católicos del mundo vieron al Papa Juan Pablo II en una transmisión en vivo en la que se usaron 23 satélites.

Los sistemas de navegación de bolsillo detectan la posición en un rango de 49 pies (15 m)

Terrorista en los Juegos Olímpicos de Múnich

Cierre del concierto Live Aid

BUENAS Y MALAS NOTICIAS
Los satélites pueden transformar un suceso local en mundial. En 1964, la inauguración de los Juegos Olímpicos se transmitió vía satélite. En los Juegos de Múnich, de 1972, los terroristas sabían que las imágenes en vivo podían llamar la atención sobre su causa. En 1985, la televisión satelital transmitió el concierto Live Aid a 2,000 millones de personas en todo el mundo.

NAVEGACIÓN
Los pilotos de aeronaves y yates, soldados y excursionistas usan los satélites para encontrar su camino. El Sistema de Posicionamiento Global (GPS) emplea un juego de 24 satélites en órbita en torno a la Tierra. El usuario envía una señal desde un equipo manual como éste, que es recibida hasta por 12 satélites, para conocer su ubicación, dirección y velocidad.

LÍNEAS OCUPADAS
Un satélite de telecomunicaciones maneja decenas de miles de llamadas telefónicas al mismo tiempo. Desde la década de 1980, en Europa se ha usado el Satélite Europeo de Comunicaciones (ECS). El ECS 1 fue el primero de cuatro satélites en brindar servicios telefónicos, televisión y enlaces de negocios a 24 países. Otras regiones del mundo desarrollaron sus propios sistemas, pero ahora existe un esquema global. Una serie de satélites trabajan juntos circundando el mundo en un sistema llamado constelación.

Se usan materiales ligeros y resistentes para hacer satélites. Entre más ligero sea éste, más barato es su lanzamiento

CONTROL TERRESTRE
Muchos satélites se lanzan con cohetes, pero otros se envían en el compartimiento de carga del transbordador. Al separarse el satélite de su lanzador, un motor lo propulsa a su órbita. Las maniobras para mantenerlo en la posición y comportamiento correcto se hacen con el sistema de propulsión que el satélite tiene durante su vida. El centro de lanzamiento del cohete cede el mando al centro de control satelital, que utiliza estaciones terrestres, como ésta en Bélgica, para rastrear el satélite, recibir sus señales, observar su funcionamiento y enviarle órdenes.

El material reflejante ayuda a regular la temperatura del satélite

La mano se siente vacía; el material sólido es sólo 10 veces más denso que el aire

Material usado para control térmico en el satélite ISO:Observatorio Infrarrojo del Espacio (pág. 51)

CALIENTE O FRÍO

Los satélites están sujetos a cambios bruscos de temperatura en el espacio. Al orbitar la Tierra, se mueven entre luz solar muy brillante y espacios negros. También están expuestos a diferentes temperaturas al mismo tiempo: mientras una parte se calcina con el Sol, la otra está a decenas de grados bajo cero. Los satélites están protegidos de esas temperaturas con "cobertores" metálicos para evitar fallas en materiales y equipo.

Antenas para enviar y recibir comunicaciones de la Tierra

RECOLECTOR DE POLVO

Los satélites ayudan a los científicos a saber más acerca del espacio. Un material llamado *aerogel* se adhiere en el exterior del satélite para capturar partículas de polvo, que son entregadas a los científicos en la Tierra para investigaciones. Al chocar con el *aerogel*, las veloces partículas desaceleran y se detienen sin ser destruidas.

Las alas solares se doblan en el lanzamiento y se despliegan en órbita con palancas

Los paneles solares producen varios kilovatios de electricidad para operar el satélite

Celdas degradadas del panel solar del satélite

Centro de control para posicionar las partes del satélite

BUENAS VIBRACIONES

Antes de que un satélite esté en órbita y comience a funcionar, debe sobrevivir al lanzamiento y al alto nivel de vibración que recibe en las primeras etapas de su vida. Artemis, un satélite experimental para probar nuevos servicios de telecomunicaciones, está siento probado en el vibrador que simula las condiciones del lanzamiento. Éste se llevó a cabo el 12 de julio del 2001 y, aunque el cohete tuvo fallas en su fase superior, Artemis fue puesto en órbita.

RUPTURAS

Los satélites se construyen para trabajar en el espacio varios años. Pero con el tiempo, todos dejan de trabajar y sus funciones las toman nuevos satélites. Basta que una parte del satélite falle para que éste deje de funcionar. Este pedazo de panel solar se maltrató en el espacio. Celdas en su superficie como éstas se dañan con el tiempo, produciendo energía insuficiente para que el satélite funcione.

EN UN GIRO

Al orbitar un satélite la Tierra, sus distintas partes deben apuntar hacia direcciones específicas al mismo tiempo. Con un mecanismo de cardan como éste, se logra que los paneles solares giren hacia el Sol – para que el satélite obtenga la energía necesaria – y que la antena se mantenga apuntando a la Tierra.

Observación de la Tierra

París

CUATRO ESQUINAS
La serie de satélites Sensores Remotos Europeos (ERS) comenzó a trabajar en 1991. ERS-1 enviaba varios miles de páginas de información cada segundo. En 1992, tomó estas cuatro imágenes de lugares de Europa (ar. y en las otras esquinas). ERS-2, su sucesor, se lanzó en 1995, y cada tres días hace gráficas de la capa de ozono del planeta.

Los SATÉLITES OBSERVAN DE CERCA nuestro planeta. En sus diferentes órbitas sobre la Tierra, pueden examinarla una y otra vez o detenerse en un punto. Cada satélite se concentra en reunir información específica. Los del clima observan las nubes y estudian la atmósfera terrestre, o registran los rangos de temperatura en la superficie del planeta. Otros trazan mapas de estructuras hechas por el hombre y de recursos naturales como agua, tierra y minerales, así como de flora y fauna. Rastrean corrientes oceánicas, témpanos y animales. Con imágenes de la Tierra tomadas a intervalos, los satélites registran los cambios planetarios de corto y largo plazo. Los datos que reúnen se usan para predecir cambios y evitar problemas, como la erosión y las inundaciones.

DESASTRE PROVOCADO
El satélite Landsat 5 ofrece una vista aérea del vasto derrame petrolero en la costa de Arabia Saudita en 1991. Se han agregado colores falsos a la imagen (la parte rojiza es el derrame). El petróleo había sido derramado intencionalmente un mes antes por soldados iraquíes en Kuwait.

Ciudad de Detroit

Un pequeño transmisor inofensivo se ata a la correa del cuello

CIERVOS CONVERSADORES
Hay pequeños transmisores que se adhieren a animales como este ciervo rojo. Al moverse, el satélite recoge la señal emitida. Con el tiempo, se conocen sus movimientos (dónde se alimenta, se reproduce y pasa el invierno). Estos datos sirven a los conservacionistas para proteger los lugares y así preservar la especie.

Sobresalen los campos de formas geométricas cultivados por el hombre

DIVISANDO A LAS AVES
Esta águila que se alimenta de pescados se reproduce en Rusia oriental. Al llegar el invierno, el mar se congela y el águila se queda sin comida. El satélite sigue el rastro de las aves mientras vuelan hacia el sur, para pasar el invierno en la isla japonesa de Hokkaido.

OJOS EN EL CIELO
El satélite francés de observación Spot-1 se lanzó en 1986. Cada 26 días fotografiaba la superficie de la Tierra. A bordo había dos telescopios que observaban, cada uno, una franja de 37 millas (60 km) de tierra, registrando objetos de apenas 33 pies (10 m) de diámetro. Ésta es una foto tomada por el Spot-1 de un cultivo en Canadá, en julio de 1988. Los colores falsos señalan cosechas en varias etapas de crecimiento. En la foto, lago St. Clair aparece arriba y lago Erie abajo, ambos en azul.

Londres

HOMBRES EN MOVIMIENTO

Las bases militares aéreas, marinas y terrestres utilizan satélites. Aviones y barcos traen equipos con sistemas de navegación. Para un soldado solitario en terreno remoto como el desierto, un equipo portátil de navegación es la solución, porque le dirá dónde está y en qué dirección moverse. Un sistema portátil de comunicación lo mantiene en contacto con otras tropas.

Antena satelital plegable y portátil

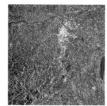

Viena

Las celdas solares suministran energía para que Meteostat funcione

PRONÓSTICO DEL TIEMPO

Desde 1977, los satélites del clima Meteostat operan. Están en órbita geoestacionaria, es decir, giran al mismo tiempo que la Tierra, de modo que siempre están sobre un mismo punto y observan el mismo lugar. La información de éstos y otros satélites se combina para estudiar patrones climáticos globales, y se usa para hacer pronósticos diarios.

La plataforma superior lleva equipo de comunicación

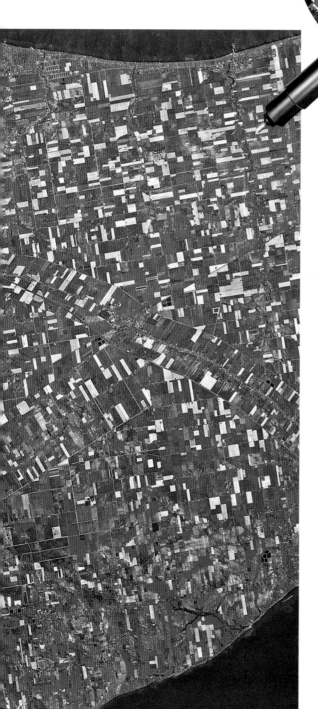

ERUPCIÓN

Imágenes de fenómenos naturales, como volcanes, son tomadas por satélites y por equipo a bordo de las naves, operado por astronautas. Al detectar humo y ceniza de un volcán activo, la nave manda una advertencia. Pueden detectarse movimientos terrestres de pocos centímetros a varios metros –que podrían ser advertencia de una erupción volcánica–, y darse la voz de alarma.

VER PARA APRENDER

Eventos y lugares a miles de kilómetros de distancia pueden verse gracias a los satélites de telecomunicaciones. La gente puede aprender sobre otras naciones y culturas desde sus propios hogares. En 1975, más de 2,400 villas en la India recibieron antenas satelitales y televisores. Transmisiones en vivo los instruyeron sobre higiene y salud, planificación familiar y métodos de cultivo.

Zelandia, Países Bajos

Observación del espacio

LA PRIMERA ASTRONOMÍA
Los astrónomos registraban sus hallazgos en dibujos como éste. Hoy, instrumentos electrónicos registran los datos que transmiten los telescopios en órbita terrestre.

LOS ASTRÓNOMOS UTILIZAN SATÉLITES CIENTÍFICOS para observar el espacio. Son telescopios que recogen y registran datos de manera muy similar a los de la Tierra. Pero desde su ventajosa posición, pueden estudiar el Universo las 24 horas del día, los 365 días del año. Los telescopios espaciales operan en un rango de longitudes de onda. Mucha de la información que recogen no podría ser registrada por los instrumentos terrestres debido a la atmósfera de la Tierra. Los datos que recogen mediante longitudes de onda ópticas, de rayos X, infrarrojas, ultravioletas, de microondas y otras, se combinan para dar un panorama más completo del espacio. Los datos se reúnen, almacenan y envían a la estación terrestre para ser decodificados por computadora. Así es como los astrónomos han estado observando el Universo durante casi 30 años.

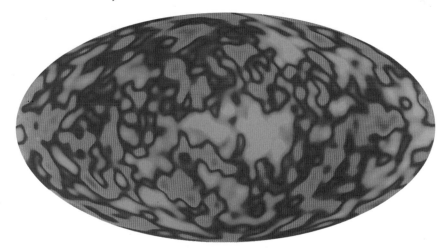

IMÁGENES DE ESPEJO
Se necesitan cantidades enormes de energía para producir rayos X, así que en donde éstos se detecten, la actividad es violenta. El Observatorio Chandra de rayos X ha fotografiado y estudiado fuentes de rayos X desde agosto de 1999. Fue lanzado a bordo del Columbia en julio de 1999. Trabaja en una órbita terrestre alta: viaja un tercio del camino hacia la Luna, y orbita la Tierra una vez cada 64 horas y 18 minutos.

Plano de la Vía Láctea

NUESTRO CENTRO GALÁCTICO
El telescopio satélite de rayos X Observatorio de Alta Energía y Astrofísica tomó esta radiografía (en colores falsos) de nuestra Galaxia. Se ven dos tercios del cielo terrestre, y el plano de la Vía Láctea cruza por el centro. Las áreas negras, y luego las rojas, son los emisores más intensos de rayos X. Las amarillas y verdes emiten menos energía, y las azules aún menos.

IMÁGENES DE MICROONDAS
El primer telescopio satélite que observó el espacio en la región de microondas fue lanzado en cohete, a una órbita de casi 570 millas (917 km) sobre la Tierra. COBE inició sus trabajos en 1989, y dio la primera prueba de la teoría que plantea que el Universo se creó con el *Big Bang*, una gran explosión hace unos 13,000 millones de años.

ONDAS CELESTES
En 1992, el satélite Explorador del Fondo Cósmico (COBE) descubrió pequeñas diferencias de temperatura en la radiación de fondo de las microondas del Universo. En este mapa de microondas del cielo (en colores falsos), la temperatura promedio de la radiación de fondo está en azul oscuro. Las áreas rosas y rojas son más calurosas, y las azul pálido, más frías. Éstas eran las ondas que se predijo existían en la radiación de fondo creada por el Big Bang.

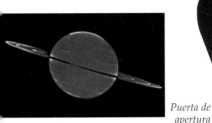

OCASO EN SATURNO
Veinte imágenes, tomadas por la cámara planetaria gran angular del Telescopio Espacial Hubble, se combinaron para producir esta imagen de Saturno. Fueron tomadas durante ocho horas en noviembre de 1995, mientras el Sol se ponía detrás de los anillos de Saturno.

Pasamanos para astronautas que hacen reparaciones

La antena de radio envía y recibe información de la Tierra vía satélite

Puerta de apertura

Instrumentos científicos colocados detrás del espejo principal

Otros objetivos del Hubble incluyen estrellas de la Vía Láctea y galaxias distantes

Paneles solares y una cámara fabricados por ESA garantizan 15% del tiempo de observación para astronautas europeos

TELESCOPIO HUBBLE
El Telescopio Espacial Hubble (HST) fue lanzado en abril de 1990 para observar el Universo óptico y ultravioleta. Muchos satélites duran sólo unos años, sin posibilidad de ser reparados. El HST fue diseñado para ser lanzado y reparado por los astronautas del transbordador. Ellos reemplazarían el material desgastado y colocarían uno nuevo. Los primeros resultados fueron decepcionantes, y en diciembre de 1993 hubo que reajustar el espejo del HST para asegurar el enfoque. El servicio que misiones posteriores dieron al Hubble en 1997, 1999 y el 2002 garantiza un funcionamiento exitoso y continuo.

ISO durante las pruebas de ESA, antes de su lanzamiento en 1995

Lanzamiento de ISO por Ariane 4, noviembre de 1995

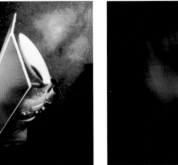

Imagen de ISO en órbita

Imagen de una supernova, estrella en explosión, tomada por ISO

OBSERVACIONES INFRARROJAS
El Observatorio Infrarrojo del Espacio (ISO) de la Administración Europea del Espacio hizo 26,000 observaciones científicas de 1995 a 1998. Desde su órbita elíptica, que lo llevó de 621 millas (1,000 km) a 43,497 millas (70,000 km) sobre la Tierra, ISO usó su espejo de 2 pies (60 cm) para observar el espacio cercano y distante, haciendo en promedio 45 registros por día. Los datos de materiales en Saturno, nacimiento de estrellas, colisión de galaxias y agua congelada en nuestra galaxia se enviaron a la estación de ESA, en Madrid.

El futuro en el espacio

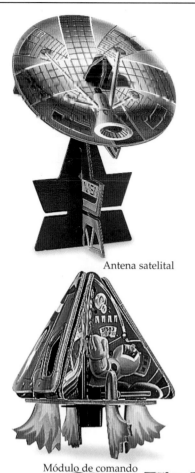

Antena satelital

Módulo de comando

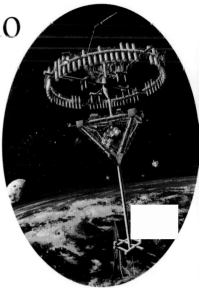

LOS VIAJES ESPACIALES se volverán tan comunes en el futuro como ocurrió con los viajes aéreos en el siglo XX. Hombres, mujeres y niños viajarán cada vez con mayor frecuencia y a mayores distancias. Una vez más, la gente llegará a la Luna, y los primeros astronautas caminarán sobre Marte. Los turistas podrán elegir entre dormir en un hotel o, más adelante, establecer su residencia en una base lunar o marciana. Los astronautas seguirán explorando y trabajando en estaciones espaciales, y se les unirá una nueva generación de trabajadores espaciales robotizados que manejarán telescopios y equipo de minería en la Luna. Hoy las agencias espaciales y las empresas de Estados Unidos, Europa, Japón y China están considerando todas estas ideas.

DESTINO TURÍSTICO
Empresarios japoneses planean un hotel en la órbita terrestre, como el del dibujo, y otro en la Luna. Está construido alrededor de un mástil levadizo de unos 787 pies (240 m). Las habitaciones están en una rueda que gira tres veces por minuto. Sería una base para paseos turísticos a la Luna, caminatas espaciales y juegos en la ingravidez.

ESPACIO PARA TODOS
El costo de un lanzamiento hoy es muy alto. Los turistas espaciales necesitan un vehículo reutilizable que dé un servicio barato y frecuente, y que pueda ser lanzado al espacio sin escalas para una ocasión especial, como una boda cósmica, o para llegar a un hotel en órbita. Tomaría una hora llegar del puerto terrestre al hotel en órbita.

NEGOCIO DE PESCADO
Se necesitan nuevas formas de abastecer alimento si los viajes largos al espacio se hacen realidad. Por ahora, los astronautas llevan comida o son reabastecidos por los visitantes. A las tripulaciones japonesas les gusta comer pescado fresco, y desean criar peces en el espacio para preparar *sushi*. Estos peces no comestibles se aparearon y produjeron peces nuevos en el espacio.

Transbordador espacial

AVIÓN ESPACIAL
La NASA está trabajando en nuevos aviones espaciales reutilizables para reemplazar al transbordador. Han construido y probado (sin tripulación) estos vehículos, que despegan verticalmente y planean para aterrizar, como el transbordador. Las nuevas naves, más confiables, seguras y menos costosas, se usarán para propósitos gubernamentales y comerciales.

Vehículo lunar

JUEGO ESPACIAL
Los astronautas, científicos e ingenieros espaciales del futuro cercano son niños de hoy. Estos juguetes de cartón venían gratis en la Cajita Feliz de McDonald's, en EE. UU. en 1991, y se repartieron gratis en Alemania, en 1993. Se produjeron en colaboración con el Consejo de Jóvenes Astronautas de EE. UU., que alienta a los jóvenes a estudiar ciencias, matemáticas y el espacio.

VIAJERO ROBOT
La nave no tripulada se seguirá usando para explorar el espacio cercano. Las sondas orbitarán los planetas y sus lunas. Las naves que aterricen en ellos regresarán con rocas de Marte y asteroides, y polvo de nieve de algún cometa. Los robots trabajarán en estaciones espaciales, y los destinados a la Luna y Marte estarán diseñados para operar en superficies planetarias.

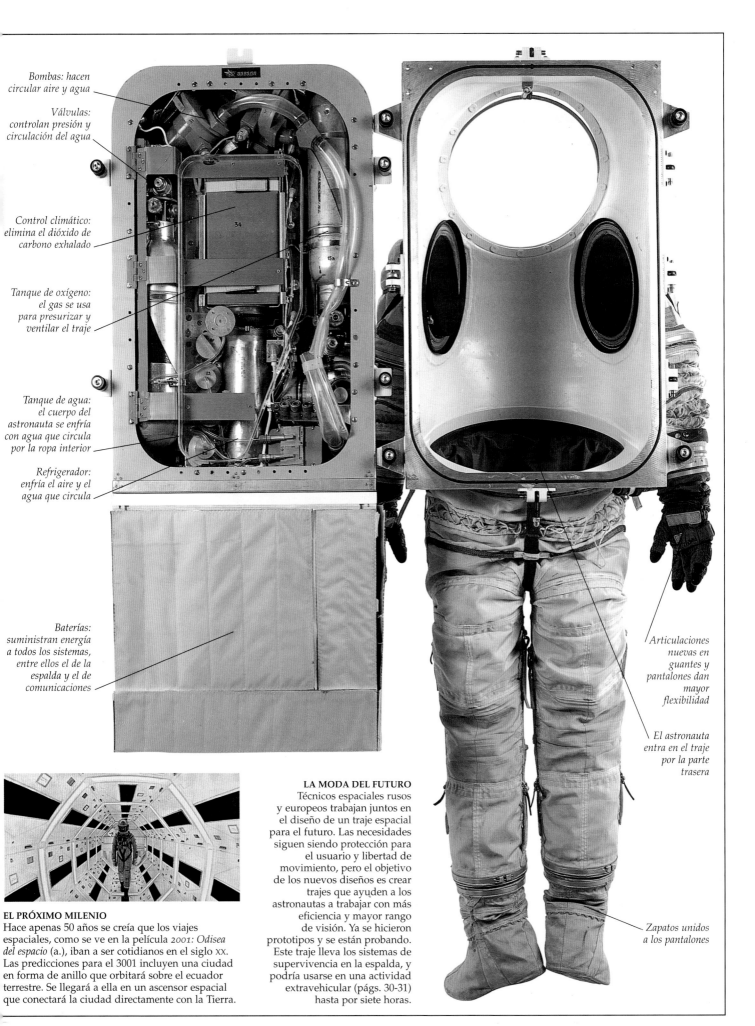

Bombas: hacen
circular aire y agua

Válvulas:
controlan presión y
circulación del agua

Control climático:
elimina el dióxido de
carbono exhalado

Tanque de oxígeno:
el gas se usa
para presurizar y
ventilar el traje

Tanque de agua:
el cuerpo del
astronauta se enfría
con agua que circula
por la ropa interior

Refrigerador:
enfría el aire y el
agua que circula

Baterías:
suministran energía
a todos los sistemas,
entre ellos el de la
espalda y el de
comunicaciones

Articulaciones
nuevas en
guantes y
pantalones dan
mayor
flexibilidad

El astronauta
entra en el traje
por la parte
trasera

Zapatos unidos
a los pantalones

EL PRÓXIMO MILENIO
Hace apenas 50 años se creía que los viajes
espaciales, como se ve en la película *2001: Odisea
del espacio* (a.), iban a ser cotidianos en el siglo XX.
Las predicciones para el 3001 incluyen una ciudad
en forma de anillo que orbitará sobre el ecuador
terrestre. Se llegará a ella en un ascensor espacial
que conectará la ciudad directamente con la Tierra.

LA MODA DEL FUTURO
Técnicos espaciales rusos
y europeos trabajan juntos en
el diseño de un traje espacial
para el futuro. Las necesidades
siguen siendo protección para
el usuario y libertad de
movimiento, pero el objetivo
de los nuevos diseños es crear
trajes que ayuden a los
astronautas a trabajar con más
eficiencia y mayor rango
de visión. Ya se hicieron
prototipos y se están probando.
Este traje lleva los sistemas de
supervivencia en la espalda, y
podría usarse en una actividad
extravehicular (págs. 30-31)
hasta por siete horas.

Los derivados

RAYO LÁSER
La robótica y la tecnología láser desarrolladas para el espacio se utilizan en equipos para personas discapacitadas. El niño de la foto (a.), que es mudo, utiliza una diadema con equipo láser. Con el rayo láser opera un sintetizador de voz, con el que puede comunicarse.

La investigación de la industria espacial se utiliza para beneficiar nuestra vida cotidiana. Las técnicas y tecnologías diseñadas para el espacio se transfieren y adaptan para la vida en la Tierra, a menudo en campos desligados de la investigación original. El papel para envolver alimentos proviene de las películas reflejantes usadas en los satélites. Los sistemas de control de los automóviles que manejan las personas que tienen sólo una mano proceden de las técnicas usadas en el vehículo lunar, y los sistemas detectores de humo utilizan tecnología desarrollada en la estación espacial Skylab. Miles de derivados, muchos para uso médico, proceden de la investigación espacial.

BOMBA DE INSULINA
El científico espacial estadounidense Robert Fischell inventó una bomba de insulina para los diabéticos que, implantada en el cuerpo, suministra cantidades precisas y preprogramadas de insulina. El mecanismo se basa en la tecnología usada en Vikingo, la nave que descendió sobre Marte.

PARA UNA BUENA LIMPIEZA
Un método de limpieza industrial rápido, fácil de usar e inofensivo para el ambiente proviene de la investigación espacial. Pequeños granos de hielo seco (dióxido de carbono sólido) se lanzan a velocidad supersónica para limpiar superficies. Con el impacto, el hielo se convierte en gas, la mugre se va y el material no sufre daño alguno.

Astronautas de Mercurio

LA MODA ESPACIAL
Los primeros astronautas de EE. UU., en los cohetes Mercurio, usaron trajes plateados para reflejar el calor. El diseño espacial llegó a la alta costura cuando el modisto francés André Courrèges produjo su colección "era espacial", en 1964. En pocos meses, la extravagante moda espacial estaba al alcance de todos.

Conjunto plateado de ca-britilla, con gorra y visera

Mano artificial y sistema de control

MANO CONTROLADA
La microminiaturización de piezas espaciales ha sido adaptada para su uso en la Tierra. Se han desarrollado prótesis con controles tan pequeños como una moneda, por lo que son más ligeras. Los dispositivos del tamaño de una cabeza de alfiler, que se colocan en un corazón humano para observar su ritmo, son otro derivado de la tecnología espacial.

ADAPTACIÓN DEPORTIVA
La ropa protectora para astronautas se usa ahora en las pistas de esquí. El diseño del casco de Apolo, que daba a los astronautas una visión libre de niebla, se ha adaptado a las gafas para esquiar. Un ventilador eléctrico evita la condensación de humedad en el interior de las gafas, para que no se empañen.

El paciente entra en el escáner para una tomografía

IMAGEN NÍTIDA
La técnica de mejoramiento de imágenes utilizada para lograr gran nitidez en las fotografías de la Luna, se usa en la fotografía médica. Imágenes más precisas permiten a los doctores tener mejores bases para sus diagnósticos. Con los escáneres se tiene un panorama más claro de lo que pasa dentro del cuerpo humano.

LECTOR DE CÓDIGO DE BARRAS
Ir al supermercado significa un encuentro con la tecnología espacial: desde los alimentos que adquirimos hasta el lector de código de barras que registra los precios. Mucha de la comida instantánea que se introdujo en las décadas de 1980 y 1990 es resultado de la investigación espacial.

FRENOS DENTALES
En los frenos dentales se usa una aleación de níquel y titanio llamada nitinol. El nitinol se desarrolló originalmente para equipo espacial como las antenas, que se compactan en el lanzamiento y se expanden totalmente en el espacio. El nitinol era el material ideal para esta función, por su capacidad de regresar a su forma original después de ser doblado. En la Tierra, hace que los frenos jalen los dientes de manera constante, con lo que se reduce el número de cambios que debe hacerse de ellos para que los dientes se enderecen.

Los alambres de nitinol, sostenidos por sujetadores de colores, ejercen presión para enderezar los dientes

Imagen que muestra interior y exterior de la mano al mismo tiempo

La máquina de diálisis de riñón elimina las sustancias de desecho de la sangre del paciente

Se añaden colores falsos para resaltar características

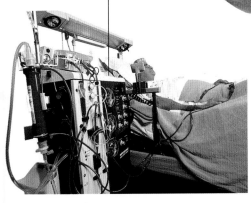

MAPA DE LA MANO HUMANA
Las técnicas para mejorar las imágenes satelitales de la Tierra se han usado para hacer mapas del cuerpo humano con fines médicos. En esta imagen computarizada de la mano con los dedos extendidos, el contorno de cada dedo muestra la forma de la mano. Al mismo tiempo, se deja ver la estructura de los huesos dentro de ella.

Pantalla digital

AYUDA EN LOS HOSPITALES
Muchos de los resultados de la investigación espacial se usan en hospitales por todo el mundo. Por ejemplo, las mantas reflejantes que conservan el calor corporal de un accidentado, las camas especiales para pacientes quemados, los equipos de diálisis que purifican la sangre y las cámaras miniaturizadas que se usan en las cirugías se han desarrollado a partir de la tecnología espacial.

EL TIEMPO BAJO PRESIÓN
Los derivados del espacio están en nuestra vida cotidiana. Los relojes tienen pantallas digitales y materiales que resisten una mayor fuerza gravitatoria. La tela de la ropa es ligera y térmica. Los zapatos para atletas tienen plantillas siempre secas, y los protectores y cascos deportivos tienen forro de espuma que absorbe los impactos.

Trabajo en equipo

A FINES DE LA DÉCADA DE 1950, pocos países trabajaban para llegar al espacio. Sólo dos, EE. UU. y la Unión Soviética, tenían el dinero y los conocimientos para lograrlo, pero trabajaron por separado para derrotarse mutuamente. Hoy, la situación es distinta. Decenas de países involucrados en la industria espacial reúnen conocimientos y recursos para construir sondas espaciales y lanzar satélites. Los antiguos rivales, EE. UU. y Rusia, se han unido con otros países para construir la Estación Espacial Internacional (ISS).

LA PRIMERA TRIPULACIÓN
El 2 de noviembre del 2000, la ISS recibió a la primera tripulación. Yuri Gidzenko (i.), William Shepherd (c.) y Sergei Krikalev (d.), de EE. UU. y Rusia, llegaron en una nave Soyuz pero se regresaron en un transbordador 138 días después. Otras tripulaciones de Italia, Canadá, Francia y Japón también han permanecido en la ISS.

CONSTRUYENDO LA ESTACIÓN ESPACIAL INTERNACIONAL
La ISS se está ensamblando en el espacio. La construcción se inició en diciembre de 1998 y tardará cerca de ocho años. Más de 100 piezas, entregadas en 50 lanzamientos, son ensambladas por astronautas que usan grúas, herramientas y un brazo robotizado. La ISS inició sus labores cuando James Newman (ab.) y Jerry Ross conectaron los primeros dos módulos, Zarya y Unity.

El orbitador Endeavour se refleja en la visera de Newman

James Newman saluda a la cámara mientras trabaja en Zarya

UNA VISTA DE LA ESTACIÓN COMPLETA
Dieciséis países trabajan en la ISS: EE. UU., Rusia, Canadá, Japón, 11 países de la Administración Europea del Espacio (ESA) y Brasil. Cada uno contribuye equipo y experiencia. Cuando se termine, la ISS medirá 365 pies (108.5 m) por 290 pies (88.4 m) por 143 pies (43.6 m). Siete astronautas podrán trabajar al mismo tiempo, de tres a seis meses. Para vivir, los módulos presurizados están conectados a seis laboratorios y estaciones de trabajo, y 43,000 pies^2 (4,000 m^2) de paneles solares proveen energía.

ZARYA Y UNITY
Zarya, de manufactura rusa, fue la primera pieza de la ISS en llegar al espacio, en noviembre de 1998. Este módulo de control suministró energía durante las primeras etapas del ensamble. Unity, el módulo conector hecho en EE. UU., llegó en diciembre y se unió a Zarya. Esta foto fue tomada en junio de 1999 por la tripulación de un transbordador que ajustó piezas y grúas en el exterior y entregó equipo.

Unity

Zarya

CHINA EN EL ESPACIO

La industria espacial de China se desarrolla con rapidez. Uno de sus objetivos es tener más lazos con otras naciones espaciales. Sus cohetes Long March ya han lanzado satélites para clientes extranjeros. Nadie sabe si su programa Shen Zhou para lanzar astronautas colaborará con los vuelos tripulados a nivel internacional. Un mono, un perro, un conejo y caracoles se lanzaron y regresaron sanos y salvos en enero del 2001. El lanzamiento de astronautas chinos (*taikonautas*) hará de China el tercer país en lanzar seres humanos.

EXPRESO A MARTE

Mars Express, de ESA, inicia su viaje de seis meses a Marte en junio del 2003. Las estaciones terrestres de Australia y la Guyana francesa lo mantendrán en curso. Cuando llegue, liberará su explorador terrestre, Beagle 2. Mars Express pasará los siguientes dos años en órbita alrededor de aquel planeta. Sus siete instrumentos observarán Marte, y su antena transmitirá datos entre él, la Tierra y Beagle 2.

Modelo de Mars Express orbitando en torno a Marte luego de liberar el Beagle 2

BepiColombo, orbitador de ESA

Antena para transmitir datos

EXPLORADOR BEAGLE 2

La minisonda Beagle 2 es un proyecto inglés que se beneficia del apoyo técnico y científico de otros 12 países. Una vez liberado por Mars Express, se dirigirá a la superficie de Marte para buscar rastros químicos de vida, pasada o presente, en las rocas, el suelo y la atmósfera.

VOLVER A MERCURIO

Mercurio ha sido visitado sólo por el Mariner 10, en 1974 y 1975. Hoy, dos naves espaciales se preparan para ir a él en misiones de investigación. El Messenger, de EE. UU., orbitará durante un año a finales de 2009, y BepiColombo (ar.), guiado por la Administración Europea del Espacio (ESA), explorará Mercurio y su atmósfera cuando llegue en 2012. BepiColombo tiene tres elementos separados. Dos, un orbitador y una nave de tierra, serán proporcionados por ESA. La tercera parte, otro orbitador, es japonés, y observará el campo magnético de Mercurio y sus interacciones con el viento solar.

EN GRUPO

EE. UU. y casi todo los países de ESA dieron equipo para los satélites Cluster (ar.), construidos para investigar la interacción entre la Tierra y el Sol. Aquí se hacen pruebas en Múnich, Alemania. ESA consta de 15 países, tiene una matriz en Francia, centros especializados en los Países Bajos, Alemania e Italia, una base de lanzamiento en la Guyana francesa y estaciones terrestres en todo el mundo.

Cohete de cuatro propulsores cónicos

El oxígeno líquido y el combustible de queroseno del propulsor y el primer nivel inferior del cohete lo impulsan para que despegue

LANZADOR ESPACIAL

Una compañía rusoeuropea utiliza cohetes Soyuz-Fregat para lanzar sondas espaciales y satélites desde el Cosmódromo Baikonur, en Kazajstán. El cohete Soyuz tiene un promedio de éxito de 98%, y es uno de los lanzadores más confiables del mundo. Un Soyuz-Fregat lanzó dos de los satélites Cluster el 16 de julio del 2000 (i.). Los otros dos volaron el 9 de agosto del 2000. El Soyuz-Fregat que llevó el Cluster era un cohete de 3 niveles. Mars Express también utilizará este tipo de cohete, pero su lanzador tendrá un cuarto nivel adicional que llevará a Mars Express hasta su ruta de vuelo interplanetario.

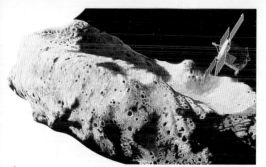

La exploración en el siglo XXI

La EXPLORACIÓN ESPACIAL nos ha ayudado a conocer una gran cantidad de cosas acerca del Universo. El aprendizaje continúa con el devenir del siglo XXI. Sondas robotizadas regresan a mundos que ya visitaron e investigan otros por primera vez. Nuevas técnicas harán que las naves viajen más rápido y más lejos. Satélites nuevos reemplazan a los que ya nos dieron un buen servicio. Y mientras algunos siguen dándonos una perspectiva global de nuestro planeta, otros observan las profundidades del espacio y nos revelan aún más sobre el Universo.

ÉXITO TEMPRANERO
La sonda espacial NEAR fue uno de los primeros éxitos del siglo XXI. NEAR salió rumbo al cinturón de asteroides en 1996. Alcanzó su objetivo, el asteroide Eros, y el 14 de febrero del 2000 comenzó a orbitarlo. El 12 de febrero del 2001, los científicos cambiaron el plan de vuelo de NEAR y lo hicieron aterrizar sobre el asteroide. Otro logro sin precedentes.

A UN MEJOR COSTO
Algunas sondas espaciales de fines del siglo XX fueron diseñadas para ser más rápidas y baratas que sus antecesoras, y aún así dar mejores resultados. El éxito de Pathfinder, en Marte, y NEAR, en Eros, significa que esta tendencia continúa en el siglo XXI. StarDust (d.), lanzada en 1999, mantiene un costo muy bajo al llevarse sólo 7 años para hacer un viaje redondo al Cometa Wild-2. En enero del 2006, la sonda regresará a la Tierra con las primeras partículas de un cometa.

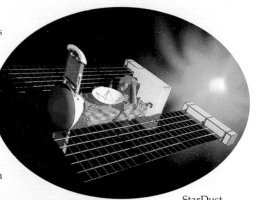

StarDust

TIEMPO DE PRUEBA
Nuevas tecnologías para naves espaciales están en constante desarrollo. Las naves se someten a pruebas exhaustivas antes de usarlas, pues una falla en el espacio podría significar el fin de una misión. El proyecto Nuevo Milenio de NASA está diseñado para avanzar en la exploración espacial, con pruebas de tecnología avanzada en el espacio en sí. Deep Space 1 probó 12 nuevas tecnologías en su misión de tres años al asteroide Braille y al cometa Borelly. Probó un motor propulsado por iones, una cámara miniatura y programas de computadora que permiten que una nave piense y actúe por sí sola.

Cassini, recién que liberó al Huygens

Antena para transmitir datos reunidos por Cassini y Huygens

Huygens

Deep Space 1 es lanzado por un cohete Delta en octubre de 1998

SONDAS PLANETARIAS
Cassini es la primera sonda planetaria importante del siglo XXI. También es una de las más grandes y complejas que se hayan construido. Fue lanzada en octubre de 1997 y voló cerca de Júpiter en diciembre del 2000, en ruta hacia su objetivo: Saturno. Al llegar, liberará la minisonda Huygens (págs. 42-43). Cassini es la cuarta misión a Saturno, que fue visitado por Voyager 2 en 1981. Otras sondas planetarias están en preparación para ir a Mercurio, y por primera vez, una viajará hasta el distante Plutón, el único planeta del Sistema Solar no visitado hasta ahora.

OJOS EN EL ESPACIO

Nuevos satélites telescópicos, más poderosos y sofisticados, están funcionando o en preparación para funcionar en el espacio. El XMM-Newton (telescopio de múltiples espejos de rayos X) de ESA fue lanzado en diciembre de 1999. Es el más potente telescopio de rayos X usado en órbita, y el satélite científico más grande jamás construido en Europa.

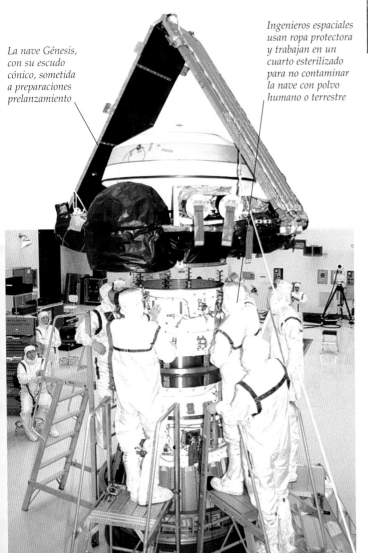

La nave Génesis, con su escudo cónico, sometida a preparaciones prelanzamiento

Ingenieros espaciales usan ropa protectora y trabajan en un cuarto esterilizado para no contaminar la nave con polvo humano o terrestre

OJOS EN LA TIERRA

Envisat es el más grande y avanzado satélite de observación terrestre de Europa. Es del tamaño de un camión de carga y orbita la Tierra 14 veces al día. Diez instrumentos que observan nuestro planeta pueden detectar cambios naturales o provocados en la tierra, el agua y el aire. En diez años mandará información equivalente a la capacidad de un millón de computadoras personales a la estación terrestre de ESA, en Suecia.

NAVEGADOR

Los científicos investigan formas de propulsión que puedan llevar a una nave al borde del Sistema Solar y más allá, hacia las estrellas. Lo más cercano a ello sería viajar por el espacio sin la necesidad de un motor, o de combustible. La nave en este dibujo, conocida como "navegador", tiene velas delgadas como obleas. La presión acumulada de la luz del Sol sobre las velas propulsaría la nave en su viaje.

Idea artística del navegador

El espejo principal que recogerá ondas infrarrojas mide 11.5 pies (3.5 m) de diámetro

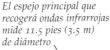

Observatorio Espacial Herschel

RECOLECCIÓN DE MUESTRAS

Las sondas espaciales robotizadas viajan a diferentes lugares del Sistema Solar para investigarlas *in situ*. Pero los científicos a veces necesitan estudiar ellos mismos el material de otros mundos. La misión Génesis, lanzada el 8 de agosto del 2001, reúne material del Sol para traerlo a la Tierra. Luego de orbitar el Sol durante dos años, Génesis regresará con partículas de viento solar (material que fluye del Sol). Los científicos compararán la composición de éstas con las de los planetas, para conocer más sobre cómo el Sol y los planetas se formaron a partir de una nube de gas y polvo hace casi 4,600 millones de años.

NUEVA GENERACIÓN

El Observatorio Espacial Herschel (ar.) pertenece a un grupo de satélites científicos del siglo XXI. Se trata de la nueva generación de telescopios infrarrojos de ESA. Una vez lanzado en el 2007, observará las longitudes de onda no cubiertas con anterioridad. Estará en órbita 932,000 millas (1,500,000 km) sobre la Tierra. El Telescopio Espacial Próxima Generación, reemplazo del Telescopio Espacial Hubble, será lanzado en el 2009.

¿Sabías que…?

El triunfo para Nuna, el auto solar

La tecnología espacial puede usarse para mejorar diseños en la Tierra. En el 2001, un carro solar holandés (Nuna), desarrollado con tecnología espacial, ganó el Reto Solar Mundial. Nuna completó las 1,870 millas (3,010 km) de la carrera por Australia, en sólo 32 horas y 39 minutos.

El 31 de julio de 1999, el eminente geólogo Gene Shoemaker se convirtió en la primera persona "enterrada" en la Luna. Sus cenizas viajaron a bordo de Lunar Prospector el 6 de enero de 1998. La nave orbitó la Luna por 18 meses y luego aterrizó violentamente en su superficie.

Experimento sobre los efectos de la ingravidez

En el futuro, se espera enviar a astronautas en misiones más largas y lejanas. Para prepararlos, los científicos investigan los efectos de la ingravidez prolongada sobre el cuerpo humano. Un experimento reside en recostar voluntarios en un ángulo de 6° (posición que simula muchos efectos de la ingravidez), ininterrumpidamente durante tres meses.

Un transbordador recorre entre 8,500 y 10,000 pies (2,600 y 3,000 m) de pista desde que toca el suelo hasta que se detiene, comparado con los 3,000 a 4,000 pies (900 a 1,200 m) que necesita un avión comercial.

Aproximadamente 5 minutos antes de aterrizar, un transbordador emite dos estallidos. El primero provocado por la punta, seguido rápidamente de otro generado por las alas.

El paracaídas desacelera el transbordador cuando aterriza

Para el 2000, la flota de transbordadores había acumulado 100 vuelos desde que el programa comenzó en 1981. Había llevado 600 pasajeros y pasado 2.5 años en el espacio. Cada transbordador está diseñado para 100 vuelos, así que aún faltan muchos.

NASA sigue en contacto con Pioneer 10, la sonda lanzada a Júpiter en 1972. A mediados del 2001, la sonda estaba a 7.3 billones de millas (11,700 millones de km) de la Tierra, viajando a 22,200 mph (35,800 kph).

La sonda Pathfinder aterrizó en Marte en 1997 dentro de una pelota gigante de bolsas de aire que la protegía. La nave rebotó 15 veces sobre la superficie, luego rodó, se detuvo, y las bolsas de aire se desinflaron. Los paneles de la sonda se abrieron para sacar los instrumentos y permitir que el Sojourner Rover bajara la rampa y explorara la superficie marciana.

Muchos astronautas vomitan los primeros días en el espacio, por eso necesitan muchas bolsas para desperdicios.

En la ingravidez, el polvo no se asienta sino que flota constantemente. Los astronautas de la ISS estornudan cerca de 100 veces al día.

ESA organizó un concurso para nombrar los cuatro satélites Cluster que iban a lanzarse en el 2000 para estudiar la interacción entre los campos magnéticos del Sol y de la Tierra. El ganador eligió los nombres de cuatro ritmos: Tango, Salsa, Samba y Rumba, porque los satélites iban a estar "bailando" en línea en el espacio.

El Telescopio Espacial Hubble nunca toma fotos malas. Sus increíbles instrumentos se fijan sobre un objeto y permanecen quietos. Una desviación más delgada que un cabello humano aparecería a una distancia de 1 milla (1.6 km).

En 1996, Eugene Cernan, de Géminis IX, hizo una caminata espacial de 2 horas y 7 minutos, y rompió la marca de 36 minutos. Durante ese tiempo, la nave orbitó la Tierra de modo que Cernan tiene el honor de haber sido el primer hombre en caminar alrededor del mundo. La tarea fue dura y además Cernan tuvo problemas para entrar en la nave y cerrar la com-puerta. Cuando se quitó el traje, vació de sus botas 1¾ pintas (casi 1 litro) de sudor.

Paisaje marciano

Paneles solares del Pathfinder

Rampa

Sojourner Rover junto a la roca llamada Yogi

Bolsa desinflada

PREGUNTAS Y RESPUESTAS

La explosión del Challenger, 1986

P ¿Por qué explotó el transbordador espacial Challenger en 1986?

R El día del lanzamiento en Florida fue excepcionalmente frío y el sello en una de las secciones del cohete propulsor se dañó. Hubo una fuga de combustible, y 73 segundos después del lanzamiento, el combustible explotó. El programa del transbordador se suspendió por dos años luego de la tragedia, para que todos los aspectos de seguridad se revisaran.

P ¿Qué temperaturas hay en el espacio?, ¿hace frío o calor?

R La temperatura de la Tierra va de -94 a 131°F (-70 a 55°C), pero en el espacio, las temperaturas son de -150 a 250°F (-101 a 121°C). La temperatura depende de si uno se está a la luz del sol o en la sombra.

P ¿Hay planes de mandar una sonda a Plutón? ¿Cuánto tiempo tomaría el viaje?

R Sí, los científicos trabajan en la misión Nuevos Horizontes. El lanzamiento está planeado para el 2006 y la sonda "sobrevolará" Plutón y su luna Charon diez años después. Luego continuará hasta el cinturón de Kuiper, un anillo de objetos helados más allá de la órbita de Neptuno. La sonda no tomará la ruta directa: pasará por Júpiter y usará la gravedad de éste para dirigirse a las orillas del Sistema Solar.

Trozos de Mir resplandecen en la atmósfera terrestre

P ¿Cuándo será posible que personas comunes viajen al espacio?

R Ya es posible (si tienen mucho dinero). En abril del 2001, el millonario californiano Dennis Tito se convirtió en el primer turista espacial cuando pagó cerca de 14 millones de libras por un viaje de ocho días a la Estación Espacial Internacional. Tito disfrutó de la experiencia y dijo: "Me preocupaba no sentirme bien en el espacio. Pero resultó ser lo mejor que he sentido en toda mi vida".

P ¿La vida en el espacio es silenciosa? ¿Hay silencio en la nave también?

R Los astronautas experimentan los extremos del ruido y el silencio. El espacio es silencioso porque no hay aire por donde el sonido pueda viajar. En las caminatas espaciales, los astronautas no se escuchan entre sí, incluso si andan muy juntos. Se comunican por radio. En la nave espacial, el aire se bombea y ahí la vida es muy ruidosa. Pero un lanzamiento es aún más. ¡Es cien millones de veces más ruidoso que una conversación normal!

P ¿Qué pasó cuando la estación espacial Mir fue abandonada?

R El 23 de marzo del 2001, después de 86,320 vueltas, el Control de Misiones ruso encendió los motores para sacar a Mir de su órbita y llevarla a la atmósfera de la Tierra, donde se desarmó. Esto se vio desde la Tierra, como muestra la foto (ar.) tomada en Fiyi, en el Pacífico sur. Algunas piezas se quemaron en la atmósfera, pero las más grandes cayeron en el océano Pacífico, entre Chile y Nueva Zelandia.

El turista espacial
Dennis Tito

Récords

ESTANCIA MÁS LARGA EN EL ESPACIO
El 22 de marzo de 1995, el cosmonauta ruso Valeri Poliakov volvió a la Tierra luego de 438 días y 17 horas, 58 minutos y 16 segundos en el espacio. Poliakov también tiene la marca de duración total, con 679 días en dos misiones.

LA ACTIVIDAD EV (EVA) MÁS LARGA
El 11 de marzo del 2001, los estadounidenses Susan Helms y Jim Voss trabajaron 8 horas y 56 minutos fuera de la ISS.

EL VIAJERO ESPACIAL MÁS VIEJO
El 29 de octubre de 1998, el astronauta John Glenn se convirtió en la persona de mayor edad en el espacio (77 años). Ésta no fue la primera marca para Glenn; 36 años antes, el 20 de febrero de 1962, Glenn fue el primer estadounidense en orbitar la Tierra a bordo de Friendly 7, su nave Mercurio.

EL GRUPO MÁS GRANDE EN EL ESPACIO
El 14 de marzo de 1995 hubo 13 astronautas en el espacio simultáneamente: siete a bordo del transbordador Endeavour, tres en la estación Mir y tres en Soyuz.

Cronología

Dᴇsᴅᴇ ǫᴜᴇ ᴇʟ Sᴘᴜᴛɴɪᴋ entró en órbita en 1957, la historia de la exploración espacial ha avanzado increíblemente. Aquí se presenta una cronología de los logros más significativos. Hoy confiamos en los satélites que están en lo alto, y nos resulta común que los astronautas trabajen en estaciones espaciales y que las sondas viajen a otros mundos. Todo esto fue alguna vez un sueño. Nadie sabe lo que el resto del siglo XXI pueda traer.

El escudo exterior del Sputnik protegía el radiotransmisor y las baterías

Sputnik 1

El reflejo del fotógrafo Neil Armstrong puede verse en la visera de Aldrin

4 DE OCTUBRE DE 1957
El Sputnik 1, primer satélite artificial del mundo, es puesto en órbita por la Unión Soviética. La era espacial ha comenzado.

Laika, la perra espacial, en el Sputnik 2

3 DE NOVIEMBRE DE 1957
La primera criatura viva, la perra Laika, viaja al espacio a bordo del Sputnik 2.

2 DE ENERO DE 1959
La sonda soviética Luna 1 es la primera nave que abandona la gravedad terrestre.

13 DE SEPTIEMBRE DE 1959
Luna 2 es la primera nave que aterriza en otro planeta al estrellarse en la Luna.

10 DE OCTUBRE DE 1959
Luna 3 envía las primeras imágenes del lado oscuro de la Luna.

12 DE ABRIL DE 1961
El cosmonauta Yuri Gagarin es el primero en viajar al espacio.

5 DE MAYO DE 1961
Alan Shepard es el primer estadounidense en el espacio.

Yuri Gagarin

10 DE JULIO DE 1962
EE. UU. lanza Telstar 1, primer satélite de telecomunicaciones en directo.

16 DE JUNIO DE 1963
La primera mujer, la cosmonauta soviética Valentina Tereshkova, viaja al espacio.

18 DE MARZO DE 1965
El cosmonauta soviético Alexei Leonov hace la primera caminata espacial (EVA). Está asegurado al Voskhod 2 con una soga.

15 DE JULIO DE 1965
La sonda de EE. UU., Mariner 4, concluye el primer acercamiento a Marte con éxito.

3 DE FEBRERO DE 1966
La nave soviética Luna 9 es la primera en aterrizar exitosamente en la Luna.

24 DE DICIEMBRE DE 1968
La nave estadounidense Apolo 8 es la primera nave tripulada en dejar la gravedad terrestre y orbitar la Luna.

20 DE JULIO DE 1969
Los primeros humanos caminan en otro mundo. Neil Armstrong (EE. UU.) es el primero en caminar sobre la Luna. Buzz Aldrin, el segundo.

20 DE SEPTIEMBRE DE 1970
La nave soviética Luna 16 aluniza. Será la primera en recoger muestras de suelo lunar y traerlas a la Tierra.

17 DE NOVIEMBRE DE 1970
El primer vehículo de neumáticos en la Luna, el soviético Lunkhod 1, inicia su trabajo.

19 DE ABRIL DE 1971
Lanzamiento de la primera estación espacial, Salyut 1.

Buzz Aldrin camina sobre la Luna, 1969

19 DE DICIEMBRE DE 1972
Regreso a la Tierra del Apolo 17, la sexta y última misión tripulada a la Luna.

3 DE DICIEMBRE DE 1973
Pioneer 10, de EE. UU., es la primera nave que cruza el cinturón de asteroides y se acerca a Júpiter.

29 DE MARZO DE 1974
La nave estadounidense Mariner 10 hace el primer acercamiento a Mercurio y obtiene una vista detallada del planeta.

17 DE JULIO DE 1975
Astronautas del Apolo 18 y cosmonautas del Soyuz 19 realizan el primer encuentro espacial soviético-estadounidense.

22 DE OCTUBRE DE 1975
Venera 9, soviética, transmite las primeras imágenes de la superficie de Venus.

20 DE JULIO DE 1976
La sonda estadounidense Vikingo 1 es la primera en aterrizar con éxito en Marte.

1 DE SEPTIEMBRE DE 1979
La sonda estadounidense Pioneer 11 hace el primer acercamiento a Saturno.

12 DE ABRIL DE 1981
Lanzamiento del primer vehículo espacial reutilizable, el Columbia, de EUA.

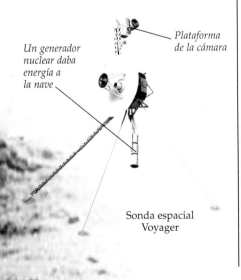

Columbia, primer transbordador del espacio

24 DE ENERO DE 1986
La sonda de EE. UU. Voyager 2 pasa por Júpiter y Saturno antes de llegar a Urano.

Plataforma de la cámara

Un generador nuclear daba energía a la nave

Sonda espacial
Voyager

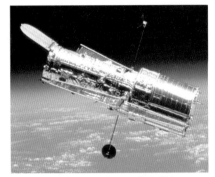

Módulo de acoplamiento para naves visitantes. La estación creció al irse añadiendo módulos hasta 1996

Estación espacial Mir

20 DE FEBRERO DE 1986
El primer módulo de la estación espacial soviética, Mir, es lanzado a su órbita.

13 DE MARZO DE 1986
Giotto, hace el primer vuelo cercano a un cometa al aproximarse al cometa Halley.

24 DE AGOSTO DE 1989
Voyager 2 hace el primer acercamiento al planeta Neptuno.

24 DE ABRIL DE 1990
Lanzamiento del Telescopio Espacial Hubble, a bordo del transbordador Discovery.

15 DE SEPTIEMBRE DE 1990
Sonda Magallanes; inicia un proyecto de tres años para trazar mapas de Venus al orbitarlo.

---

29 DE OCTUBRE DE 1991
La sonda estadounidense Galileo hace el primer acercamiento a un asteroide, Gaspra, antes de ser la primera sonda en orbitar Júpiter (1995).

15 DE OCTUBRE DE 1997
La sonda Cassini inicia su vuelo a Saturno.

20 DE NOVIEMBRE DE 1998
Se lanza Zarya, primera parte de la ISS, a bordo de un cohete soviético Proton.

El Telescopio Espacial Hubble

2 DE NOVIEMBRE DEL 2000
La primera tripulación que viviría a bordo de la Estación Espacial Internacional llega en el cohete soviético Soyuz-TM 31.

12 DE FEBRERO DEL 2001
La sonda NEAR se convierte en la primera en aterrizar en un asteroide, luego de orbitar Eros durante un año.

La Estación Espacial Internacional (ISS), agosto del 2001

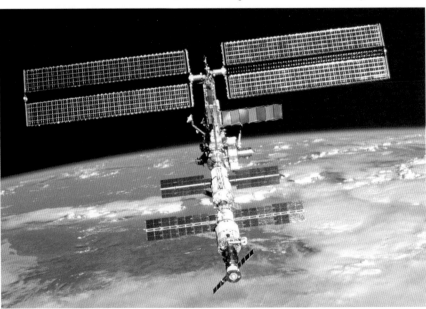

Descubre más

Los espectaculares avances en la exploración espacial han derivado en formas novedosas de aprender acerca del espacio. Antes, los libros y la TV eran las únicas fuentes de información. Hoy, los visitantes de los centros espaciales pueden ver por sí mismos los hechos donde ocurren, conocer las experiencias de un astronauta, ver la nave que explora el espacio y hacer experimentos con sus manos. Y ahora, vía internet se puede tener acceso a los últimos acontecimientos y fotografías de la exploración espacial.

TRANSINNE, EL CENTRO ESPACIAL EUROPEO
Estos niños hacen experimentos en ciencia espacial en el Centro Espacial Europeo de Transinne, en Bélgica. El Centro cubre todos los aspectos de la exploración espacial, pero pone énfasis en el trabajo del Programa Espacial Europeo. Las exhibiciones incluyen una gran muestra en el Laboratorio Columbus, la contribución europea a la Estación Espacial Internacional. También, los visitantes de Transinne pueden probar simuladores para entrenamiento de los astronautas (págs. 22-23).

Modelo a escala de la nave Endeavour

CONTROL DE MISIONES, HOUSTON, EUA
Los transbordadores se lanzan en Florida, pero apenas dos minutos después, el Centro de Control de Misiones (ar.) en el Centro Espacial Johnson de NASA, en Houston, Tejas, se hace cargo de todo. Éste es el centro del programa de vuelos tripulados donde los astronautas de NASA se entrenan. Cuenta con un museo y ofrece visitas guiadas para ver el Edificio de Ensamble X-38, el simulador de transbordadores, y el Control de Misiones. Durante una misión del transbordador, los visitantes pueden observar la actividad en el Centro de Control, en pantallas.

CENTRO ESPACIAL KENNEDY
Esta foto muestra el Centro Espacial Kennedy, parte del gran Complejo Espacial Kennedy, en Florida, EE. UU., donde se lanzan los transbordadores. Además de visitar las exhibiciones del Centro (donde hay un astronauta disponible para responder preguntas), los visitantes pueden ver el Observatorio Gantry LC39, en el Complejo de Lanzamiento del Transbordador Espacial, y el Centro de Control de Lanzamientos. El público puede ver lanzamientos de transbordadores *in situ*. El calendario de lanzamientos y otro tipo de información están disponibles en el Centro Espacial Kennedy.

Nave espacial colgada del techo, en el museo de Star City

STAR CITY EN MOSCÚ
En el museo de las Instalaciones de Entrenamiento del Cosmonauta Yuri Gagarin, en Star City, a una hora de Moscú, se pueden ver exhibiciones con la historia de los vuelos tripulados rusos. Esta ciudad, construida *ex profeso*, es el hogar y centro de entrenamiento de los cosmonautas rusos y la sede del Control de Misiones ruso.

Sitios para visitar

CENTRO NAL. ESPACIAL, LEICESTER, GB
Museo dedicado a los logros de la exploración espacial, la ciencia y la tecnología del espacio.

CITÉ DE L'ÉSPACE, TOULOUSE, FRANCIA
Museo del espacio, interactivo y educacional, en la ciudad líder de esta industria en Francia.

NOORDWIJK, EXPO ESPACIAL, PAÍSES BAJOS
Centro donde se cuenta la historia completa de la exploración del espacio. Está junto al Centro Técnico de la Agencia Espacial Europea.

MUSEO NACIONAL DEL AIRE Y DEL ESPACIO, WASHINGTON, EE. UU.
Hogar de una gran colección de equipo original, incluido el módulo Apolo 11, que llevó al primer hombre a la Luna.

EXPLORANDO EL ESPACIO EN LA INTERNET

El espacio es uno de los temas más emocionantes para explorar en internet, porque hay mucha información. Se puede, literalmente, explorar el espacio desde la computadora. En particular, las agencias espaciales NASA y ESA tienen páginas web llenas de información e imágenes. A continuación hay algunas sugerencias de temas específicos que puedes investigarse más, con las direcciones de unos sitios web muy útiles.

EXPLORA EL ESPACIO
Para conocer más sobre los planetas de nuestro Sistema Solar, como Marte (ar.), busca en los sitios de ESA y NASA para saber de las naves y las misiones futuras. Para ver imágenes recientes, visita el sitio del Telescopio Espacial Hubble.
•Instituto del Telescopio Espacial Hubble:
www.stsci.edu

EL TRASBORDADOR ESPACIAL
Toda la información referente al transbordador espacial, desde el horario de lanzamiento y menús a bordo, hasta la posición de la nave (actualizada cada hora), se puede encontrar en la página de vuelos de NASA. También es posible (con el programa adecuado) ver escenas en vivo de la misión.
•Información del transbordador de NASA:
www.spaceflight.nasa.gov/shuttle
•Para ver escenas en vivo:
www.spacefligh.nasa.gov/realdata

PROGRAMA ESPACIAL EUROPEO
ESA ofrece proyectos e información en su página principal. Otras de sus páginas dan detalles de lanzamientos. Cuenta con presen-taciones interactivas para visitar en línea sus instalaciones en la Guyana francesa, y muestran una secuencia de lanzamiento.
•Página principal de ESA:
www.esa.int
•Páginas de lanzamientos:
www.esa.int/export/esaLA

Banderas de los 15 países de ESA adornan los cohetes propulsores

ESA utiliza el Ariane 5 para llevar cargamentos al espacio

Los cohetes propulsores se desechan dos minutos después del lanzamiento

El transbordador vibra con fuerza al despegar de la plataforma

LA ESTACIÓN ESPACIAL INTERNACIONAL
Para información sobre la Estación Espacial Internacional (ISS), se pueden visitar las páginas de vuelo de NASA y las de ESA e ISS. También hay sitios que calculan cuándo puede verse la ISS desde cualquier parte del mundo.
•Información para ver la ISS:
www.heavens-above.com

SITIOS ÚTILES EN LA WEB

•Observatorio; sitio de NASA para información sobre la Tierra y el espacio:
observe.arc.nasa.gov
•Centro Nacional Espacial Británico:
www.bnsc.gov.uk
•Programa Espacial Japonés:
www.nasda.go.jp
•Agencia Espacial Rusa:
www.iki.rssi.ru
•Laboratorio de Propulsión de Jets para información sobre sondas espaciales:
ww.jpl.nasa.gov
•Sitio de ciencia espacial para niños:
kids.msfc.nasa.gov

Eyewitness en español

Dinosaurio	Pirámide	Aztecas, incas
El mundo antiguo	Tiburón	y mayas
de egipto	Anfibios	Reptiles
El espacio	Peces	La tierra
Pájaro		

Eyewitness en ingles

Africa	Building	Dog
Amphibian	Butterfly & Moth	Eagle & Birds of Prey
American Revolution	Car	Early Humans
Ancient China	Castle	Earth
Ancient Egypt	Cat	Ecology
Ancient Greece	Chemistry	Electricity
Ancient Rome	Christianity	Electronics
Archeology	Civil War	Elephant
Arctic & Antarctic	Costume	Energy
Arms & Armor	Cowboy	Epidemic
Astronomy	Crime & Detection	Everest
Aztec, Inca, & Maya	Crystal & Gem	Evolution
Baseball	Dance	Explorer
Basketball	Desert	Farm
Battle	Dinosaur	Film
Bible Lands		First Ladies
Bird		Fish
Boat		
Book		
Buddhism		

Índice

Reconocimientos

DK Publishing agradece a:
Heidi Graf y Birgit Schröder del Centro Europeo de Tecnología e Investigación Espacial (ESTEC), Noordwijk, Países Bajos, por su valiosa asistencia; Alain Gonfalone; Hugo Marée, Philippe Ledent, Chantal Rolland y Massimiliano Piergentili del Centro Euro Espacial, Transinne, Bélgica (administrado por CISET International) por su cooperación y paciencia; Helen Sharman; Neville Kidger; Dr. John Zarnecki y JRC Garry de la Univ. de Kent; MK Herbert, Ray Merchant; Dr. David Hughes, Dr. Hugo Alleyne y Dr. Simon Walker de la Univ. de Sheffield; Prof. John Parkinson de la Univ. de Sheffield Hallam; Amalgam Model-makers and Designers; Nicholas Booth; JJ Thompson, Orthodontic Appliances; Hideo Imammura de la Shimizu Corporation, Tokio, Japón; Dr. Martyn Gorman de la Univ. de Aberdeen; Dr. Peter Reynolds; Prof. Kenichi Ijiri; Dr. Thais Russomano y Simon Evetts del King's College de Londres; Clive Simpson; Karen Jefferson y Elena Mirskaya de Dorling Kindersley, Oficina de Moscú.

Asistencia editorial y de diseño: Darren Troughton, Carey Scott, Nicki Waine
Investigación adicional: Seán Stancioff
Fotografía adicional: Geoff Brightling
Asistencia fotográfica: Sarah Ashun
Hechura de modelos adicionales: Peter Minister, Milton Scott-Baron

Solapas: Anna Martin
Índice: Chris Bernstein

Créditos fotográficos:
DK Publishing agradece a:
Museo de Moscú, Museo de Ciencia y US Space and Rocket Center, Alabama
Fotografías: foto en primer plano de Stephen Oliver 21ar., James Stevenson, Bob Gathney

El editor agradece a las siguientes entidades y personas su amable permiso para reproducir sus fotografías:
ar. = arriba; c. = centro; ab. = abajo; i. = izquierda; d. = derecha
Algemeen Nederlands Persbureau: 62ar.i. BOC Gases, Guildford 56c.i.ar. Bridgeman Art Library, Londres/Adoración de los Magos, cc.1305 por Giotto, Ambrogio Bondone (c. 1266-1337) Scrovgeni (Arena) Chapel, Padua. Casio Electronics Co Ltd 57ab.d. Bruce Coleman / Robert P Carr 35c.i.a. CLRC 45c. Corbis: 69ar.i.; Bettmann 64ab.i.; Fotografía de Jim Sugar 68ab.c., 69at.i.; Corbis UK 56ab.i./Corbis-Bettman-UPI 19c.d.ar., 21ab.i., 48c..d. ESTEC 38c.i.ar. European Space Agency: 17ab.i., 30ab.c., 31c., 33ab.d., 36-37, 37ar.d., 40ar.d., 41c.d., 44ab.d., 45ab.i., 45c.ab., 49c., 50ar.i., 50ab.i., 51ar.d., 51c.d.ab., 51ab.d., 53ab.i., 53ar.i., 53ab.d., 58c.i.ar., 59ar.d., 59c.d.ar., 59c.i., 60c.i.ab., 61ar.i., 61ab.d., 62c.i./Alain

Gonfalone 39c.d.ar. Centro Euro Espacial, Transinne 68ar.i. Mary Evans Picture Library 8ar.d., 8c.i., 8ar.i., 9ar.i., 20ar.i., 22ar.i., 36ar.i.; CSG 1995/Genesis Space Photo Library 12ab.i.; 59ar.i., 61ar.d.; Dr.. Martyn Gorman, Univ. de Aberdeen 50c. / NASA 58ar.i., 60ab.d., 61c.i., 68c.i., 68c.d. Ronald Grant Archive/When Worlds Collide/Paramount 54c.i.ab., 2001: A Space Odyssey/MGM 55ab.i.; Hasbro International Inc 9ab.d. Hulton Getty 21ar.d., 21ab.c.; Profesor Kenichi Ijiri 54c.i.ar. / Image Bank 57ar.i.; Usado con permiso de McDonald's Corporation 54i. Matra Marconi Space UK Ltd 51ar.d. / Mattels UK Ltd 9c.ab. NASA 7ar.d., 7ab.d., 10c.i.ab., 11ar.d., 11c.d., 13c.i.ab., 15ar.i., 16ar.i., 16c.i., 17c.i.ar., 17ab.d., 17ar.d., 20c.i.ab., 20ab.c., 23ar.d., 30ar.d., 30c.i.ab., 30c.d., 31ar.d., 32ab.d., 32ar.i., 33c.i.ar., 33ab.i., 33a.d., 34c.i., 34ab.i., 34c.d.ab., 35c.i.ar., 35ar.i., 37ab.i., 37ab.d., 38c.d., 38c.d.ab., 38c.i.ab., 38ar.i., 39c.ab., 39c.i., 40c.i., 52ar.i., 54ar.d., 54c.ab., 56ar.d., 56ab.i., 58ab.c., 58c.ar., 58ar.d., 58c.d.ab., 58ab.d., 60-61, 62-63, 62ab., 63ar.i., 63ab.d., 64-65, 64d., 65c.d., 65c.i., 65ab.d., 69ar.d., Finley Holiday Films 69ab., Johnson Space Center 58ab.i. / JPL 22-23, 46ar.d., 46c. NASDA 15c.ab. The National Motor Museum, Londres 15ar.c. Museo de Historia Natural, Londres 23c.i.ar. Novosti (Londres) 18ab.i., 19c.d.ab., 20c.d.ab., 34ar.d., 34ab.c., 35c.ab., 37ar.i., 46c.d.ab. Profesor John Parkinson/NASA 8ab.d., 39ar.i.,39ar.c., 39ar.d. Popperfoto 15ar.d. / Mark Baker /Reuters 63ar.d.; Mikhail Grachyev / Reuters 63ab.i.; Popperfoto-Reuter 21c.d.ab., 21c.d.ab., 44ar.i. Rex

Features 8ab.i., 9c.i., 9ar.d., 36ab.c., 48c.i. Science Museum/Science and Society Picture Library 15c.ar. Science Photo Library/Dr. Jeremy Burgess 8c.ab./Robert Chase 57c./CNES, 1988 Distribution Spot Image 50-51c.ab./ Luke Dodd 10c.d.-/EOSAT 50ar.d./ ESA 59c.d. / Victor Habbick Visions 61c.d., Laboratorio de física aplicada de la Univ. de Johns Hopkins 60ar.i. / Will y Deni McIntyre 56ar.i. / Larry Mulvehill 57ab.i./NASA 11c.ab., 17ar.i., 19ab.i., 34c., 44ar.d., 52c.i., 52-53, 52ab.d., 52ab.i., 59ab.d., 59ar.i. / NASA, 22-23ab., 58c.d., 60c.i.ar., 62ar.d., 65ar.c., 69c.d.; Novosti 14ar.d., 19ar.d., 19ar.i., 64c.i.; Starsem 59ab.c.; David Parker 48c.i.ab./Princess Margaret Rose Orthopaedic Hospital 56c.ab./Roger Ressmeyer, Starlight 12ab.d.; Smith Sport Optics Inc, Idaho 56c.; Shimizu Corporation 54ar.d./ Tony Morrison/ South American Pictures 8c.d.; Spar Aerospace (RU) Ltd 13ar.i. Tony Stone Images/Hilarie Kavanagh 51c.d./ Marc Muench 11ab.d./Charles Thatcher 56ab.d.; Dr. John Szelskey 41ar.i., 44c.d.ar.; Michael Powell/Times Newspapers Ltd 40ab.i.; Deán y Capítulo de los York-York Minster Archives 9ab.i.

Créditos de la portada : NASA foto principal frente; Popperfoto contraportada ab.d.

Hemos hecho los mayores esfuerzos para ponernos en contacto con los poseedores de los derechos; nos disculpamos por anticipado por cualquier omisión involuntaria. Nos agradaría incluir el reconocimiento adecuado en cualquier futura edición de esta obra.